KB213322

기독교문서선교회 (Christian Literature Center: 약칭 CLC)는 1941년 영국 콜체스터에서 켄 아담스에 의해 시작되었으며 국제 본부는 미국 필라델피아에 있습니다.

국제 CLC는 59개 나라에서 180개의 본부를 두고, 약 650여 명의 선교사들이 이동 도서차량 40대를 이용하여 문서 보급에 힘쓰고 있으며 이메일 주문을 통해 130여 국으로 책을 공급하고 있습니다. 한국 CLC는 청교도적 복음주의 신학과 신앙 서적을 출판하는 문서선교기관으로서, 한 영혼이라도 구원되길 소망하면서 주님이 오시는 그날까지 최선을 다할 것입니다.

추천사 1

권 수 영 박사

연세대학교 연합신학대학원 원장

『나쁜 감정은 나쁘지 않다』저자

    동방예의지국이라 자랑하던 대한민국은 더 이상 자신의 감정을 숨기는 은둔자의 나라가 아니다. 최근 코로나19 바이러스 펜데믹으로 우리는 더욱 주위를 향해 경계심과 분노를 키우는 나날을 이어가고 있다. 나는 종종 매일 분노 범죄에 관한 보도가 끊이지 않는 우리 모두에게 이러한 분노 감정에 관한 차분한 성찰이 필요하다고 주장해 왔다. 여기에는 기독교인도 예외가 아니다. 기독교인이 더욱 배타적이고 지나친 분노를 표출하는 경우도 적지 않다.

    상담자 채프먼 목사는 『깊은 분노』를 통해 분노가 관계에 미치는 영향 그리고 분노로 망친 관계를 회복하는 놀라운 방법을 제공한다. 그는 모든 현대 사회에서 많은 사람이 쉽게 화를 내고, 분노 조절에 문제를 겪고 있다는 점을 지적한다. 특별한 대상에게만 한정된 분노 표출이 아닌 경우가 다반사다. 우리는 우리 자신, 가족, 상사, 친구, 직장 동료, 혹은 가까운 이웃들에게도 화를 낸다. 그리고 일상생활에서 크고 작은 일로 짜증을 내고 좌절하게 될 때, 결국 화를 내고 분노를 폭발하고 만다.

    안타깝게도 많은 사람이 일단 흥분하면, 생각과 행동을 통제할 수 없는 텐트럼(분노발작)을 경험하고, 자신과 타인을 파괴하는 경우도 발생한다. 채프먼 목사는 분노가 분명한 우리 삶의 현실이지만, 분노가 우리의 삶을 통제하도록 내버려 두면 안 된다는 것을 상담 사례를 통해 제시한다.

그뿐만 아니라, 그는 이 책을 통해 어떻게 화를 건강하고 생산적으로 인식하고 다룰지, 따뜻하면서도 날카로운 통찰력으로 실제 생활에서 적용할 수 있는 노하우를 제시한다. 이에 추천자는 분노 감정과 더불어 우리 사회를 함께 살아가는 모든 이에게 이 책의 일독을 강력히 권한다.

추천사 2

최 광 현 박사
한세대학교 심리상담대학원 교수
『가족의 두 얼굴』, 『가족의 발견』 저자

　우리나라에서 가장 높은 이혼 사유는 성격 차이다. 부부가 서로 성격 차이에서 오는 긴장과 갈등에 머물게 되며 분노를 느끼게 된다. 분노가 일어나는 순간, 성격 차이의 문제에서 인격과 사랑의 주제로 옮겨가며 돌이킬 수 없는 파국을 겪는다.

　채프먼은 결혼 생활 속에서 배우자에게 발생하게 되는 분노의 주제를 가정 사역의 입장에서 의미 있게 접근한다. 남편과 아내로서, 더 나아가 기독교인으로서 분노의 감정을 어떻게 다루어야 할 것인지에 관한 대응 방식과 실제적인 처방을 우리에게 제안한다.

　우리의 일상 속 복잡한 관계 안에서 자연스럽게 올라오는 분노의 감정에 대한 훌륭한 가이드북이 될 수 있을 것이다.

추천사 3

장정은 박사
이화여자대학교 기독교학과 목회상담학 교수

분노는 인간이라면 누구나 경험하는 감정이다. 분노의 감정이 없다면, 차가운 기계는 될 수 있어도, 인간이라고 말하기는 어려울 것이다. 다만 그 분노를 사회적으로 용인된 형태로 혹은 건강한 방식으로 어떻게 다룰지가 중요한 질문이 된다.

채프먼의 분노에 대한 통찰은 명쾌하면서 깊다. 그는 이 책에서 분노는 악도 그리고 죄도 아니라고 말한다. 그렇다고 분노가 타락의 결과로 인간에게 생겨난 감정도 아니다. 분노는 무엇인가 잘못되었다는 것을 경험할 때 느끼는 감정이다. 본래 분노는 정의와 공의를 향한 관심 때문에 생겨난다. 그렇기에 그것은 하나님의 거룩한 속성과도 깊은 관련을 맺는다. 다만 잘못이 아닌 경우를 잘못이라고 인지하는 것이 문제다. 또한, 그 분노를 표현하는 미숙한 방식이 문제다.

채프먼은 이 책 각 장에서 분노에 대한 일관성 있는 이해를 보여준다. 또한, 분노를 어떻게 다룰 것인지를 알기 쉽게 우리에게 설명한다. 각 장에 수록된 긴급 처방은 책을 요약하며, 언제든 삶의 매 순간 적용할 수 있는 구체적인 방법을 제시한다. 이 긴급 처방을 하나하나 따르다 보면 분노를 조절하고 제어하는 나 자신을 발견하게 된다. 나의 분노를 이해하고 싶고, 분노를 어떤 방식으로 건강하게 다룰지 관심 있는 누구나 읽어보길 적극 권한다. 더욱이 누구에게나 알기 쉽도록 번역되어, 모든 이에게 큰 도움이 되리라 확신한다.

깊은 분노

기독교인의 분노 다스리기

Anger : *Taming a Powerful Emotion*
Written by Gary D. Chapman
Translated by Yoonkyoung Lee

This book was first published in the United States
by Moody Publishers,
820 N. LaSalle Blvd., Chicago, IL 60610.
with the title *Anger*,
copyright © 1999, 2007, 2015 by Gary D. Chapman.
Translated by permission.
All rights reserved.

Korean Edition Copyright © 2021 by Christian Literature Center, Seoul, Korea.

깊은 분노
기독교인의 분노 다스리기

2021년 6월 25일 초판 발행

지 은 이 | 게리 D. 채프먼
옮 긴 이 | 이윤경

편   집 | 유동운
디 자 인 | 박성숙, 서민정
펴 낸 곳 | (사)기독교문서선교회
등   록 | 제16-25호(1980.1.18.)
주   소 | 서울특별시 서초구 방배로 68
전   화 | 02-586-8761~3(본사) 031-942-8761(영업부)
팩   스 | 02-523-0131(본사) 031-942-8763(영업부)
이 메 일 | clckor@gmail.com
홈페이지 | www.clcbook.com
송금계좌 | 기업은행 073-000308-04-020 (사)기독교문서선교회
일련번호 | 2021-67

ISBN 978-89-341-2295-1 (03230)

Anger: Taming a Powerful Emotion

깊은 분노

기독교인의
분노 다스리기

『5가지 사랑의 언어』의 저자 Gary D. Chapman

게리 D. 채프먼 지음 | 이문경 옮김

CLC

목차

긴급 처방

한국어판 독자에게

게리 D. 채프먼 박사

결혼·가족생활 컨설턴트사 대표

걷잡을 수 없는 분노는 수많은 결혼 생활을 파괴하고, 수많은 아이를 다치게 하며, 숱한 우정을 망쳐버린다. 국제적 차원에서 분노는 나라와 나라가 싸우게 하고, 종교와 종교가 싸우게 하고, 결국 전쟁으로 치닫게 한다.

사람을 그토록 파괴적인 행동으로 이끄는 이 강한 감정은 무엇일까?
분노의 근원은 무엇인가?
왜 모든 인간은 분노의 감정을 경험하는 것일까?
하나님의 입장에서 볼 때 분노의 목적은 무엇인가?
어떻게 하면 분노가 우리를 지배하게 하는 것이 아니라, 분노를 다스리는 법을 배울 수 있을까?

이 책은 그 질문들에 답하기 위해 쓰여졌다.
나는 분노를 가장 오해 받고, 잘못 알고 있는 인간의 감정 중 하나라고 본다. 40년 이상 부부와 가정 상담자로서, 종종 분노에서 나오는 언어적, 신체적 학대로 인해 많은 결혼이 파괴되는 것을 보아왔다. 많은 아이는 나중에 부모 중 한 명이 또 화를 내며 폭발할까 두려워하며 산다.

분명히 우리에게 성경은 우리의 분노를 책임감 있게 다스리라고 독려한다.

> 분을 내어도 죄를 짓지 말며 해가 지도록 분을 품지 말라(엡 4:26).

우리는 우리의 분노를 인정하고, 그 다음에 긍정적인 방식으로 분노를 다스려야 한다. 마음속에 품고 있는 분노는 쓴 뿌리와 증오로 변하고, 둘 다 파괴적인 행동으로 이어진다. 그렇기 때문에 우리는 "사랑 안에서 참된 것을 말하는 법"을 배워야 한다(엡 4:15).

이 책은 성경에 바탕을 두고 있고 동시에 매우 실용적이다. 우리는 두 종류의 인간의 분노를 살펴본다. 하나는 분명한 분노이고, 다른 하나는 왜곡된 분노이다. 우리는 어떻게 이 둘을 구별하고, 어떻게 기독교인답게 다스려야 할지 찾을 수 있을 것이다. 또한, 우리는 수년 동안 우리 안에 품어 온 '오래된 깊은 분노'를 어떻게 없애야 할지도 논의한다.

하나님에 대한 분노를 경험한 많은 성경 인물이 있다. 그들은 하나님이 해야 할 일을 하지 않았기 때문에 분노한다고 생각한다. 우리도 그런 분노를 경험할 수 있다.

하나님이 우리를 부당하게 대한다고 느낄 때, 우리는 어떻게 대응해야 하는가?

소리치고 거친 말로 덤벼드는 성난 사람에게 어떻게 대응해야 하는가?

당신의 대응은 불난 집에 부채질하는 꼴이 될 수 있다. 아니면 당신은 분노의 이면을 이해하고자 경청하고, 불을 끄는 하나님의 대리자가 될 수도 있다.

이 책이 분노를 긍정적으로 다스리는 데 도움이 되어 하나님께 영광을 돌리고 당신이 건강한 관계를 갖게 되길 바란다.

역자 서문

이 윤 경 박사

이화여자대학교 기독교학과 교수

역자는 2018년 연구년 한 해를 미국 노스캐롤라이나주 윈스턴 세일럼에 있는 웨이크포리스트대학교에서 보내게 되었다. 도착한 첫 주 주일 아침 아파트에서 가장 가까운 곳에 위치한 갈보리침례교회를 갔다. 그 교회에 대해서 특별히 들어본 적도 없고, 아무런 연고도 없이 그저 일 년 동안 살게 될 아파트에서 가장 가깝다는 이유만으로 예배를 드리러 갔다. 오전 예배에 참석했더니 우리나라 예배처럼 찬양팀이 나와서 예배 전에 찬양을 열심히 인도하는 모습이었고, 여느 쇠퇴하는 미국의 교회 분위기와는 달리 생동감 있는 모습이었다. 주위를 둘러보니 젊은 중장년층이 많은 교회 분위기였다.

찬양 후 목사님이 나오셔서 가정에 대해 설교를 하시는데, 사실 교회에서 쉽게 접할 수 있는 주제로 설교를 하셔서 처음에는 별 기대 없이 듣고 있었다. 그런데 점차 듣는 중에 어려운 얘기를 하지 않는 것 같은데 매우 통찰력 있는 말씀을 하시고 있다는 생각이 들어 점점 집중하고 듣게 되었다. 사실 구약성서학자로서 예리한 주석이 들어있지 않는 설교를 얄팍한 설교라고 평소 생각한 역자에게 그날의 설교는 실로 큰 충격으로 다가왔다. 하나님의 말씀을 일상의 언어로 전하지만, 삶에 대한 깊은 통찰과 인간의 아픔을 하나님의 말씀으로 해결하려는 진지한 설교자의 모습을 보게 되었다.

주보를 열고 목사님 이름을 확인했다. 이 목사님은 바로 게리 D. 채프먼이었다. 사실 역자는 그때까지 이분이 어떤 분인지 전혀 알지 못했다. 집에 돌아와서 갈보리침례교회 홈페이지에 들어가서 목사님 이름과 이력을 찾아보고, 다른 설교 영상도 찾아보게 되었다. 그러면서 채프먼 목사님이 가정상담 전문가임을 알게 되었고, 이미 우리나라에서 그분의 『다섯 가지 사랑의 언어』(The five love languages)가 널리 알려져 있다는 것을 알게 되었다.

그런 중에 갈보리침례교회에서 한국 교포분들을 만나게 되었고, 이분들이 역자에게 성경 공부 인도를 부탁하여 정기적으로 만남을 갖게 되었다. 이분들 중 평소 채프먼 목사님과 개인적 친분이 있는 최선주 자매의 소개로 목사님을 직접 만나 뵙고 한 시간가량 이야기를 나눌 기회를 얻게 되었다. 목사님과 만남을 통해 그분의 개인적인 사역 경험부터 그 당시 역자가 갖고 있던 신학적 고민까지 많은 이야기를 나눌 수 있었다.

채프먼 목사님과 밀도 깊은 대화를 나눈 후 받은 인상은 이 목사님이 연세가 많으시지만, 여전히 매우 예리하고, 그러면서도 따뜻함을 지니고, 목회자는 어떤 모습으로 무엇을 해야 하는지를 정확하게 아시는 분이시라는 느낌을 받았다. 만남이 끝나자 본인의 책을 선물로 주셨고, 감사한 마음으로 헤어졌다. 그 후 교회에서 이런저런 행사를 통해 만날 기회가 몇 차례 더 있었다.

갈보리침례교회에서 채프먼 목사님이 하신 설교 중에 분노에 대한 것이 있었다. 이 설교를 들으면서 정말 그동안 느낌으로만 막연하게 생각했던 분노의 문제에 대해 명쾌한 대답을 들은 기분이었다. 이 이야기를 성경 공부를 같이하던 교포분 중 김복희 자매에게 했더니 그분이 채프먼의 『깊은 분노』(Anger)를 사주셨다. 이 책을 선물로 받고 한국에 돌아가면 꼭 번역하겠다는 약속을 했다. 이제 채프먼 목사님이 이 책을 통하여 전하는 인간이라면 누구나 겪게 되는 분노의 문제를 어떻게 기독교인의 시각과 관점에서 해결해 나갈지에 대한 구체적인 조언을 여러분도 같이 듣게 되시길 바란다.

이 책이 나올 수 있도록 도움을 주신 기독교문서선교회(CLC) 대표 박영호 목사님과 추천사를 써주신 권수영 교수님(연세대), 최광현 교수님(한세대), 장정은 교수님(이화여대)에게 감사를 드린다. 그리고 역자가 윈스턴 세일럼에 머무는 동안 지극한 정성으로 그리스도의 사랑을 베풀어 주신 성경 공부 팀에게 진심으로 감사의 인사를 전한다.

서론

성난 세상

분노는 어디에나 있다. 배우자는 서로에게 화를 낸다. 부하 직원이 상사에게 화를 낸다. 자녀는 부모에게 화를 내고, 부모는 자녀에게 화를 낸다. 시민들은 정부를 향해 분노한다. 텔레비전 뉴스는 화가 난 시위자들이 분노에 차서 소리지르거나, 화가 나서 말다툼을 하다가 총에 맞아 죽은 십 대 때문에 울부짖는 엄마의 모습을 늘 보여 주고 있다. 나쁜 날씨 때문에 비행기가 취소될 때, 주요 공항 주변에서 우리는 화가 난 사람들을 보게 된다.

우리는 우리 자신에게 화를 낸다. 우리는 종종 화를 내고 이런 감정을 가지면 안 된다고 생각한다. 혹은 우리 아이들이 버릇없게 화를 내는 모습을 보고 분노를 다루는 방법을 어떻게 가르칠까 고민한다. 분명히 우리 중 많은 이가 분노라는 문제를 갖고 있다.

그리고 기독교인들은 이 강력하고 복잡한 감정 때문에 혼란을 겪는다.

그리스도를 따르는 자들이 분노를 적절하게 표현할 방법이 있을까?

분노는 과연 **좋은 것**일 수 있을까?

질문에 대한 답을 찾고 있다면, 컴퓨터에서 '분노'를 검색하라. 그러면 당신은 어마어마한 양의 정보를 찾을 것이다. 그러나 거기 적힌 대부분의 정보는 근본적인 두 가지 질문을 다루지 않고 있다.

첫째, 분노의 **원인**은 무엇인가?
둘째, 분노의 **목적**은 무엇인가?

왜 사람들은 분노라는 감정을 경험하는가?

분노의 원인을 이해하는 것은 분노의 목적을 이해하는 데 필수적이다. 분노의 목적을 이해하는 것은 건설적인 방법으로 분노를 다루는 법을 배우는 데 필수적이다. 원인의 문제를 제기하는 책과 논문은 분노를 인간의 초기 진화론적 발달에서 생존의 기술로 보는 경향이 있다. 분노는 위험의 순간에 반응하도록 인간을 준비시키는 '자연스러운 방법'이다.

학부와 대학원에서 고고학을 공부한 나는 이런 관점이 매우 부적절하다고 본다.

첫째, 이런 관점은 기독교적 세계관을 무시하고 있다.
둘째, 자연적 세계관을 받아들여도, 이것은 분노의 심리적 측면을 제대로 설명하지 못한다.

기독교인들이 분노의 감정에 대해 혼란을 많이 겪는 이유는 분노의 원인을 오해하는 데서 비롯된다. 분노에 관한 기독교 서적은 분노의 근원을 제대로 이해하지 못한 채, 분노를 조절하는 데 집중하는 경향이 있다.

그러나 분노의 원인을 보다 분명하게 이해하면, 분노 조절에 훨씬 더 효과가 있을 것이라고 확신한다.

첫째, 분노는 **어디**에서 오는가?
둘째, 분노의 **원인**은 무엇인가?

　당신이 놀랄지도 모르지만, 그 해답이 제1장에 나온다. 그리고 그 대답은 제2장에서 분노의 목적을 보여 준다.

　나는 수십 년 동안 부부상담과 가정상담을 하고 있다. 여러가지 문제가 있는 수많은 가정을 만나왔다. 이런 가정은 대부분 분노를 힘겹게 다룬다. 어떤 성인이 건강하고 긍정적인 방법으로 자신의 분노를 다룬다면, 가족에게 안전한 환경을 제공할 뿐만 아니라 자녀에게 분노를 다루는 법을 가르칠 수 있는 엄청난 잠재력도 지니게 된다.

　또한, 그들이 동료들과 효율적으로 어울리며 생산적인 업무 환경을 만들 수 있다는 사실도 동일하게 중요하다. 성인이 자신의 분노를 다루는 법을 배우지 못하면, 결혼과 가정에 혼란이 오고 이는 종종 직장이나 다른 장소로 번지기도 한다.

　분노를 다루는 법을 배우기 위해 우리는 어디로 가야 할까?

　우리 중 많은 이가 상담자를 찾아간다. 불행히도 대부분의 사람은 분노를 잘못 다루어 심각한 문제에 빠질 때까지 상담을 받지 않는다. 또한, 이미 심각한 문제에 빠져있는 수많은 사람이 상담을 아예 받지 않고 있다. 아마도 시간이나 돈 혹은 두려움 때문에 상담센터를 찾아갈 수 없을 것이다. 나는 성인이 적절한 정보를 갖고 있다면, 상담센터에서 배울 수 있는 것 중 많은 것을 집에서도 배울 수 있다고 본다.

　이 책은 수많은 커플과 성인이 분노를 다룰 수 있는 더 나은 방법을 찾도록 돕는 통찰력과 기술을 읽기 쉬운 형태로 제공한다. 모든 내담자의 이름은 가명이지만, 그들의 상황과 대화는 사실이다. 때로 당신은 자신과 유사한 문제와 반응을 찾을지도 모른다. 우리 모두는 분노를 보다 효과적으로 다루는 것에 관해 많은 것을 배울 수 있다.

　당신이나 당신이 사랑하는 누군가가 분노로 힘겨워 한다면, 이 책을 통해 분노에 대한 새롭고도 기독교적인 관점을 얻게 되기를 바란다. 또한, 새로운 관점을 얻게 된다면, 당신이나 당신과 가까운 사람의 분노를 이해하고 다룰 준비를 하기 바란다.

또한, 나의 바람은 이 책이 분노에 관한 그룹 토의와 워크숍을 활발하게 할 도구로써 관심있는 이들에게 제시할 수 있기를 바란다. 온라인 상의 토론 가이드(www.5lovelanguages.com)는 핵심 아이디어를 복습하거나 삶에 적용하는 데 도움이 될 것이다.

나는 교육적 환경(소집단, 주일학교 혹은 세미나)뿐만 아니라 상담센터에서 분노에 관해 많은 것을 배울 수 있다고 확신한다. 사실 우리 세대를 특징짓는 '언어 폭력'과 '신체적 학대'라는 풍토병의 흐름을 바꾸려면, 이 일은 반드시 이루어져야 한다.

그리스도의 주권 아래 우리의 분노를 내려놓을 때, 거룩한 하나님으로부터 분노의 원인과 목적에 대해 배우게 될 때, 우리의 관계를 치유할 수 있다.

누구나 화를 낼 수 있다. 화를 내는 것은 쉬운 일이지만,
올바른 때, 올바른 사람에게, 올바른 방식으로 화를 내는 것은 모든 사
람이 할 수 있는 일이 아니고, 쉬운 일이 아니다.

아리스토텔레스(Aristotle)

제1장

분노는 어디에서 오는가?

아마 당신은 브룩에게 동질감을 느낄 것이다. 어린이집을 다니는 두 아이의 엄마인 브룩은 전도유망한 변호사인 남편 글렌을 사랑한다. 이 커플은 결혼한 지 8년이 되었다. 브룩은 공인회계사다. 하지만 아이들이 학교에 갈 때까지 직장을 그만 두기로 했다.

그녀는 내게 말했다.

"실수를 한 것 같아요. 저는 엄마로서 자질이 있다고 생각하지 않아요. 저는 항상 아이들을 원했지만, 아이가 있는 지금, 그 아이들을 대하는 제 방식이 마음에 들지 않아요.그리고 애들이 저한테 하는 행동이 싫어요. 아이를 갖기 전에는 화를 내거나 성질을 부렸던 기억이 없어요. 저는 항상 감정을 제어할 수 있다고 생각했어요. 그런데 애들에게 종종 그렇지 못하다는 것을 인정해야만 할 것 같아요. 저는 그럴 때마다 제 자신을 미워하게 돼요."

나는 물었다.

"아이들에게 어떻게 성질을 부리나요?"

그녀는 다음과 같이 대답했다.

"이것저것 해요. 어떨 때는 소리를 지르기도 하도, 정말 세게 때리기도 해요. 어떤 날은 딸 진저를 들고 흔들기도 해요. 정말로 겁이 나요. 지난번에 실제로 애를 흔들어서 죽인 엄마를 텔레비전 뉴스에서 보았어요.

애들을 다치게 하고 싶지 않아요. 정말로 애들을 사랑해요. 그런데 제어가
안돼요. 남편 글렌이 아이들을 돌보고, 저는 좀 쉬고 싶어요. 그런데 글렌
은 직장에서 너무 스트레스를 받아서 아이들을 돌보고 싶어하지 않아 해
요. 제가 직장으로 복귀하고 다른 사람이 아이들을 돌보면 어떨까 생각하
고 있어요."

나는 브룩과 이야기를 할수록, 그녀가 아이들의 행동뿐만 아니라 도와
주지 않는 글렌에게도 화가 나 있음을 알게 되었다. 그녀는 전업주부가 되
기로 선택한 자신에게 화가 나 있었고, 궁극적으로는 엄마가 되게 만든 하
나님에게 화가 나 있었다.

그녀는 말했다.

"하나님은 제가 이런 일을 할 수 없다는 것을 미리 아셨어야 해요."

이제 브룩은 울기 시작했다. 솔직히 말하면, 나도 울고 싶었다. 죄의식
을 느끼고, 홀로 있다고 느끼고, 자녀를 좋아하지 않고, 스스로를 사랑하
지 않는다고 느꼈을 수년간 상담센터를 거쳐간 수많은 엄마가 기억났기
때문이다.

다음으로 리치를 보자. 그는 옷을 잘 차려 입고 상담센터를 찾아왔다.
그러나 그의 오른쪽 발에 신발이 없었다. 나는 곧 이유를 알게 되었다.

그는 말하기 시작했다.

"저는 도움이 필요해요. 오래전부터 분노를 통제하지 못한다는 것을 알
고 있었는데 토요일이 결정타였어요. 저는 15분 동안 잔디 깎는 기계의
시동을 걸고 있었어요. 가스를 점검하고, 기름을 점검하고, 새로운 스파크
플러그를 넣었지만 도무지 시동이 걸리지 않았어요.

결국, 너무 화가 나서 뒤로 물러서서 걸어 찼어요. 발가락 두 개가 부러
졌고, 세 번째 발가락을 베었어요. 아파서 주저앉아서는 '이런 멍청이'라
고 스스로에게 말했어요.

저는 당황스러웠어요. 사람들한테 진짜 무슨 일이 일어났는지 말할 수 없
었어요. 그래서 '잔디 깎는 기계에 문제가 있었다'고 말했어요."

그는 계속해서 말했다.

"성질을 낸 게 이번이 처음이 아니에요. 옛날에도 아내와 아이들에게 몹쓸 짓을 많이 했어요. 제가 신체적으로 가족을 학대했다고는 생각하지 않아요. 하지만 거의 그럴 뻔 했죠."

대화 도중에 나는 리치가 경영학 석사(M.B.A.) 학위를 받았고, 교육을 많이 받은 사람이라는 것을 알게 되었다. 그는 결혼을 했고, 두 자녀가 있고, 돈도 잘 벌고, 교외에 좋은 집도 갖고 있었다. 리치는 교회 활동에 적극적이었고, 공동체에서 존경을 받는 사람이었다. 그런데 그는 **흥분하는** 습관이 있었다.

수많은 사람이 리치에게 쉽게 동질감을 느낄 것이다. 불행히도 그런 사람 중 많은 이가 리치만큼 정직하지 않고, 그보다 훨씬 더 적은 숫자의 사람들만이 기꺼이 도움을 요청한다.

발가락이 부러진 리치와 낙심한 브룩은 매우 다른 도전을 받고 있다. 하지만 그들은 공통적으로 격렬한 분노와 그 문제를 다룰 수 없다는 무력감을 같이 경험하고 있다. 둘 다 자신들의 분노가 부적절한 행동으로 이어지고 있음을 알고 있다. 하지만 둘 다 무엇을 해야 할지를 모른

> 분노는 사랑의 감정과 반대이다. 사랑은 당신이 사람들에게 다가가도록 하지만, 분노는 사람들로부터 등을 돌리게 만든다.

다. 그래서 그들은 분노에 대한 자신들의 파괴적 반응으로 인해 신체적으로, 감정적으로 고통을 겪고 있고, 그들이 사랑하는 이들 역시 고통을 겪고 있다.

1. 우리가 화를 낼 때 무슨 일이 일어나는가?

모든 연령대와 사회 계층의 사람은 분노를 경험한다. 고등학생 브라이언은 성적표에 D등급을 준 선생님에게 화가 났다. 브라이언의 선생님인 리즈는 제때 양육비를 보내지 않는 전남편에게 화가 났다. 85세의 할머니 마리아는 좀처럼 자신을 만나러 오지 않는 장남에게 화가 났다. 그녀의 아들 알렉스는 직장을 찾지 못했고 사회로부터 버림받았다는 생각에 늘 화가 나 있다.

목사인 마빈은 자신이 내놓는 최상의 아이디어를 늘 비난하는 교회 리더 그룹에 화가 나 있다. 베다니는 겨우 3세지만 자기가 제일 좋아하는 장난감을 치워버리는 엄마에게 화가 나 있다.

'그러나 우리가 말하는 분노란 무엇인가?'

사전은 **분노**를 "격정 혹은 불쾌한 감정 그리고 대개는 상처나 모욕감 때문에 자극을 받은 적대감"이라고 묘사한다.[1] 우리는 보통 분노를 하나의 감정이라고 생각하지만 실제로는 몸과 마음과 의지를 모두 포함하는 감정의 집합체다. 그리고 우리는 가만히 앉아서 "지금 나는 분노를 느낄 거야"라고 말하지 않는다. 분노는 짜증, 좌절, 고통 혹은 다른 불쾌감을 일으키는 사건이나 상황에 대한 **반응**이다. 수많은 사건과 상황은 분노를 불러일으킬 잠재력을 갖고 있다.

나이든 친척이 눈치 없이 당신 자녀의 몸무게를 언급한다. 고속도로에서 당신 뒤에 있는 차가 너무 가까이 따라 붙을 수도 있다. 한 친구는 늘 페이스북에 정치적 문구를 올린다. 당신의 아버지는 당신이 클 때 늘 무언가에 화를 냈고, 이제 당신은 자신의 분노를 다루는 데 곤란을 겪고 있다.

분노는 낙담, 상처, 거부, 당황의 감정으로 인해 격해진다. 분노는 당신이 사람, 장소 혹은 감정을 자극하는 어떤 것과 겨루도록 한다.

---

1 Merriam-Webster's Collegiate Dictionary, 6th ed., s.v. "anger."

분노는 사랑의 감정과 반대이다. 사랑은 당신이 사람들에게 다가가도록 하지만 분노는 사람들로부터 등을 돌리게 만든다.

또한, 분노는 순식간에 일어난다. 예를 들어 베키가 애들을 데리고 쇼핑할 동안, 남편 팀에게 잔디를 깎아 달라고 부탁한다. 몇 시간 후 집에 돌아왔을 때, 잔디가 여전히 무성하다면, 그녀는 아마도 다음과 같이 생각할지도 모른다.

"내 말에 신경을 썼다면 잔디를 깎았을 거야. 내가 잔디 깎는 일에 얼마나 신경 쓰는지 자기도 알고 있잖아. 내가 요구를 많이 한 것도 아니야.

도대체 뭘 하고 있었던 거야?

도대체 뭘 하고 싶은 거야?

정말 이기적이야."

그러나 팀은 속으로 대답한다.

"내가 한 다른 일들도 좀 봐!

내가 테라스의 구멍도 메우고, 쓰레기도 갖다 버리고, 개도 산책을 시켰어.

뭘 원하는 거야?"

한편, 켄은 부서 회의실에서 당장이라도 폭발할 것처럼 앉아 있다. 그의 매니저인 코리는 이번 분기에 켄의 실적이 줄었다고 말한다. 그가 실적을 내지 못하면, 회사는 그에게 나가라고 할 것이다.

켄은 말한다.

"내가 오십이 넘었기 때문이야.

나이든 사람들을 모두 잘라버리려고 해.

코리가 한 서른 다섯쯤 됐나?

걔가 뭘 알아?"

베키, 팀, 켄은 모두 강력하고 부정적인 감정을 마음속에서 경험하고 있는 중이다. 그러나 거기에 무언가가 더 있다. 몸도 분노를 경험하고 있다. 자율신경에는 **아드레날린이 흐른다**. 이러한 생리적인 변화들은 사람들에게 분노에 압도당하고 그것을 통제할 수 없다는 느낌을 준다.

부신선은 두 개의 호르몬을 생성한다. 에피네프린(아드레날린)과 노르에피네프린(노르아드레날린)이다. 이 두 가지 화학 성분은 사람에게 자극, 긴장, 흥분, 격노를 일으키고 결국 심장 박동, 혈압, 폐 기능, 소화관 활동에 영향을 미친다.[2] 그래서 켄은 회의실에 앉아 상사의 이야기를 듣고 있을 때 얼굴이 붉어지고, 속이 뒤틀리며, 주먹을 꽉 쥐게 되는 것을 느낀다. 분노에 사로잡히고 통제할 수 없는 감정을 갖게 되는 것은 바로 이런 생리학적 변화 때문이다.

다음으로 분노는 행동으로 번진다. 브룩은 자신의 어린 자녀를 마구 흔든다. 베다니는 짜증을 부린다. 리치는 잔디 깎는 기계를 발로 차버린다. 켄은 자신의 사무실로 돌아가 분노에 찬 이메일을 쓰기 시작한다.

우리는 신체 반응을 통제할 수는 없다. 하지만 분노에 대한 우리의 정신적, 육체적 반응을 **통제할 수 있다.** 우리는 다음 장에서 이에 대해 살펴보고자 한다.

2. 왜 화를 내는가?

다음 장으로 가기 전에, 먼저 분노의 뿌리를 다시 살펴보자.

분노는 어디에서 왔는가?

우리는 왜 분노를 경험하는가?

나는 인간의 분노 능력이 하나님의 속성에 뿌리를 두고 있다고 본다. 제발 내가 신성모독을 한다고 생각하지는 말라. 오히려 "인간의 분노가 신적 속성에 뿌리를 두고 있다"라고 말하는 것은 하나님에 대한 깊은 경외심에서 비롯된다. 나아가 나는 분노를 하나님의 본질적 속성의 일부라고 제안하려는 것이 아니다.

---

2   Mark P. Cosgrove, *Counseling for Anger* (Dallas: Word, 1988), 30.

나는 분노가 하나님의 속성 중 두 가지 측면으로부터 비롯된다고 본다.

첫째, 하나님의 거룩
둘째, 하나님의 사랑

첫째, 성경은 하나님이 거룩하시다고 선포한다(벧전1:16; 레 11:44-45).
거룩이라는 단어의 뜻은 '죄와 구별됨'을 뜻한다. 우리가 아버지 되시는 하나님, 아들 되시는 하나님, 혹은 성령이신 하나님을 말할 때, 하나님의 속성에는 죄가 없다. 신약성경은 예수에 관해 다음과 같이 말한다.

> 모든 일에 우리와 똑같이 시험을 받으신 이로되 죄는 없으시니라(히 4:15).

둘째, 하나님의 속성의 두 번째 근본적인 특징은 사랑이다.
사도 요한은 전체 성경의 가르침을 간단하게 "하나님은 **사랑이시다**"(요일 4:8)라고 요약한다. 사랑은 하나님과 동일시 될 수 없다. 오히려 본질적 속성상 하나님은 사랑이시다. 이것은 단지 신약성경의 하나님 개념이 아니다. 처음부터 끝까지 성경은 하나님이 피조물의 안녕을 위해 헌신하는 분이심을 보여 준다. 사랑하는 것은 하나님의 속성이다.

하나님의 분노는 두 가지 신적 특징에서 비롯된다. 다음에 주목하라. 성경은 결코 "하나님은 분노이시다"라고 말하지 않는다. 사실상 이 진술은 진실이 아니다. 분노는 하나님의 본질적 속성의 일부가 아니다. 하지만 성경은 종종 하나님이 분노를 표현하신다는 것을 보여 준다.
분노라는 단어는 구약성경에 455회 나타난다. 이 중 375회는 하나님의 분노를 지칭한다. 사실 시편은 "매일 분노하시는 하나님이시로다"(시 7:11)라고 말한다.

하나님의 분노는 구약 시대에만 한정되지 않는다. 예수님의 삶을 읽어
보면 예수님이 분노를 표출하시는 곳이 많다(막 3:1-5; 요 2:13-17). 하나님
은 거룩하고, 사랑이시기 **때문에** 분노를 경험할 수밖에 없다.

그의 사랑은 오직 그의 피조물의 선을 추구한다. 그의 거룩하심은 영원
히 죄의 반대편에 선다. 하나님의 도덕법은 모두 그의 거룩하심과 사랑하
심에 근거한다. 늘 올바른 것과 일치하며, 피조물의 선을 위해 존재한다.
하나님은 인간이 올바른 일을 하기를 원하시고, 그 결과를 기뻐하신다.

성경은 다음과 같이 말한다.

> 보라 내가 오늘 생명과 복과 사망과 화를 네 앞에 두었나니 곧 내가 오늘 네게 명
> 령하여 네 하나님 여호와를 사랑하고 그 모든 길로 행하며 그의 명령과 규례와 법
> 도를 지키라 하는 것이라 그리하면 네가 생존하며 번성할 것이요 또 네 하나님 여
> 호와께서 네가 가서 차지할 땅에서 네게 복을 주실 것임이니라(신 30:15-16).

하나님은 죄의 해로움을 아시기 때
문에 그분의 분노에 불이 붙는다. 하
나님의 분노를 유발하는 것은 바로 하
나님의 정의와 공의(이 둘은 하나님의

> 성경은 결코 "하나님은 분노이
> 시다"라고 말하지 않는다.

거룩하심과 사랑으로부터 나온다)를 향한 관심 때문이다. 그러므로 하나님의
분노는, 그분이 악을 만났을 때, 부정의와 불의에 대한 논리적 반응인 것이다.

3. "그것은 옳지 않아"

그렇다면 이 모든 것은 인간의 분노와 무슨 관계가 있는가?

성경은 우리가 "하나님의 형상"(창 1:27)으로 만들어졌다고 말한다. 그 형상
이 타락으로 인해 손상을 받았지만, 이것은 지워지지 않았다.

하나님의 형상은 인간의 영혼 깊은 곳에 여전히 각인되어 있다. 그러므로 우리가 타락할지라도 우리는 여전히 정의와 공의에 대한 관심을 갖고 있다. 당신이 알고 있는 가장 이교도 같은 사람을 찾아내서 일주일 정도 따라 다녀보라. 그러면 그 사람이 다음과 같이 말하는 것을 듣게 될 것이다.

"그건 옳지 않아. 그 남자는 그녀한테 그렇게 하면 안돼. 그녀는 그 남자한테 잘못하면 안돼."

그의 자동차를 훔쳐보고, 그가 분노를 표현하는지를 살펴보라. 만약 누군가 그의 딸, 아내, 여자친구를 비방하면, 그는 갑자기 매우 도덕적인 피조물이 되어 당신의 행동을 대놓고 비난하는 것을 보게 될 것이다.

단어를 문장으로 말하기 시작하는 어린 아이의 말을 들어보라. 그 아이가 "그건 공평하지 않아요. 엄마"라고 말하는 것을 곧 듣게 될 것이다.

아이는 어디에서 도덕적 판단을 얻게 되었을까?

나는 그것이 분명히 부모의 가르침에 의해 단련된 아이의 본성 깊은 곳에 새겨져 있다고 본다. 아이는 자기가 부당한 일을 당했다는 것을 알게 될 때, 자유롭게 그것을 표현할 것이다.

분노는 우리가 잘못이라고 여기는 일을 겪을 때마다 일어나는 감정이다. 감정적, 생리학적, 인지적 차원의 분노는 우리가 불의와 마주칠 때, 우리 경험의 최전선으로 나오게 된다.

왜 아내는 남편에게 화를 낼까?

왜냐하면, 그녀가 생각하기에 그가 자신을 실망시키거나, 곤란하게 하거나, 부끄럽게 하거나, 거부한 것 같기 때문이다.

한마디로 그는 **그녀에게 잘못했다.**

왜 십 대 아이들은 부모에게 화를 낼까?

왜냐하면, 십 대들은 부모가 불공평하거나, 사랑해 주지 않거나, 친절하지 않고, 부모가 잘못한다고 느끼기 때문이다.

왜 그는 잔디 깎는 기계를 걸어 찼을까?

왜냐하면, 그 기계가 '제대로 작동'하지 않았기 때문이다. 기계나 제조업자가 잘못한 것이다.

왜 운전자들은 신호등이 초록 불로 바뀌면 경적을 울릴까?

왜냐하면, 그들 앞에 있는 사람이 문자를 보내는 것이 아니라 신호등에 집중을 **해야만 하고**, 2초 전에 출발을 했어야만 하기 때문이다.

마지막으로 화를 낸 적이 언제인지 기억해 보고, 다음의 질문을 해 보라.

왜 나는 화가 났을까?

당신은 아마도 어떤 불의 때문이라고 말할 수 있다. 누군가가 혹은 무언가 당신을 공평하게 대해 주지 않았다. 무언가가 잘못되었다. 당신의 분노는 사람, 사물, 상황, 당신 자신, 아니면 하나님을 향할 수 있다. 하지만 모든 경우에 누군가가, 혹은 무엇인가가 당신에게 잘못을 저질렀다. 우리는 당신의 잘못에 대한 인지가 정당한지, 부당한지를 논의하고자 하는 것이 아니다.

이 문제는 뒷장에서 다룰 것이다. 우리가 확실히 하고자 하는 바는 분노는 무엇인가가 잘못되었다는 인지에서 비롯된다는 점이다. 그리고 이런 도덕성(어떤 것이 옳고, 어떤 것이 그른지)에 대한 감각은 우리가 거룩하신 하나님의 형상대로 창조되었고, 하나님이 피조물의 선을 위해 도덕법을 세우셨다는 사실에 뿌리를 두고 있다.

분노는 악이 아니다. 분노는 죄가 아니다. 분노는 타락한 본성의 일부가 아니다. 분노는 우리의 삶에서 사탄이 작동하는 것이 아니다. 오히려 그 반대다. 분노는 우리가 하나님의 형상대로 만들어졌다는 증거다. 분노는 우리가 타락한 상태에서도 여전히 정의와 공의에 관심을 갖고 있음을 보여 준다. 분노할 줄 아는 것은 우리가 단순한 동물 이상의 존재라는 강력한 증거다. 분노는 정의, 공의, 공정에 대한 우리의 관심을 보여 준다. 분노의 경험은 우리의 타락함이 아닌 고귀함을 입증하는 것이다.

우리는 분노를 경험하는 우리의 능력에 대해 하나님께 감사해야 한다. 분노를 경험하는 것을 멈춘다면, 우리는 도덕적 관심을 상실하게 된다. 도덕적 관심이 없다면, 세상은 정말 끔찍한 곳이 될 것이다. 이것은 우리의 두 번째 주요 질문으로 인도한다.

분노의 목적은 무엇인가?

더 중요한 것은 이것이다.

인간의 분노에 대한 **하나님의** 목적은 무엇인가?

당신이 무엇에 화를 내는지가
당신의 수준을 드러낸다.

윈스턴 처칠(Winston Churchill)

제2장

분노가 선한 일을 할 때

배우자와 말다툼 중이거나 인터넷이 느려서 투덜거리는 중, 분노에 대한 하나님의 목적이 무엇인지 질문하는 것은 이론에 불과한 것처럼 보인다. 사실 우리는 하나님이 인간의 분노를 기뻐하지 않는다고 생각한다.

그러나 나는 **인간의 분노는 하나님이 설계한 것**이라고 믿는다. 그것은 인간이 악행이나 불의에 마주쳤을 때 **건설적인 행동을 하도록 동기를 부여하기 위한 것**이다.

우리는 보통 일이 뜻대로 되지 않을 때 화를 내기 때문에 이것을 잘 이해하지 못한다. 예컨대, 온라인으로 취업 원서를 작성하는 중 한 페이지를 업로드하는 시간이 엄청 걸릴 때와 같은 때이다. 우리는 정당한 분노와 부당한 분노에 대해서 더 이야기할 것이다. 하지만 여기에서 우리의 목적은 근본적인 질문으로 되돌아가는 것이다.

인간이 분노할 때 하나님의 목적은 무엇인가?

대답은 이렇다. 불의를 만났을 때, 우리가 긍정적인 행동을 취하도록 동기를 부여하고자 설계된 것이 분노이다. 나는 하나님이 스스로 이렇게 설명하신다고 본다.

1. 우리 자신의 선을 위하여 : 분노에 대한 하나님의 반응

성경은 하나님의 분노와 사랑 사이에 분명한 평행선을 긋는다. 구약성
경에서는 보통 하나님이 그 백성들의 악행에 대한 그분의 불쾌함을 선포
하고 회개하도록 불러내라고 예언자를 보내셨다. 백성이 회개하면 하나님
의 진노는 가라앉고 모든 것이 잘 되었다. 그러나 회개하지 않으면 하나님
은 추가적인 행동을 취하셨다.

예레미야에게 주신 하나님의 메시지는 이것을 보여 준다.

> 너는 가서 북을 향하여 이 말을 선포하여 이르라 여호와께서 이르시되 배역한 이
> 스라엘아 돌아오라 … 나는 긍휼이 있는 자라 노를 한없이 품지 아니하느니라 여
> 호와의 말씀이니라 너는 오직 네 죄를 자복하라 … 돌아오라 나는 너희 남편임이
> 라 …(렘 3:12-14).

이스라엘은 진리를 버리고 거짓말을 했다. 하나님의 분노는 예레미야를
보내서 백성들을 회개하도록 부르게 하는 동기가 되었다. 하나님은 요나
를 니느웨에 보낼 때도 비슷한 행동을 하셨다. 니느웨 사람들은 하나님의
명성을 알고 있었다. 요나는 40일 후에 멸망할 것이라고 경고했다.

성경은 다음과 같이 말한다.

> 니느웨 사람들이 하나님을 믿고 금식을 선포하고 높고 낮은 자를 막론하고 굵은 베
> 옷을 입은지라 왕과 그의 대신들이 조서를 내려 니느웨에 선포하여 이르되 사람이나
> 짐승이나 소 떼나 양 떼나 아무것도 입에 대지 말지니 곧 먹지도 말 것이요 물도 마시
> 지 말 것이며 사람이든지 짐승이든지 다 굵은 베 옷을 입을 것이요 힘써 하나님께 부
> 르짖을 것이며 각기 악한 길과 손으로 행한 강포에서 떠날 것이라 하나님이 뜻을 돌
> 이키시고 그 진노를 그치사 우리가 멸망하지 않게 하시리라 그렇지 않을 줄을 누가
> 알겠느냐 한지라(욘 3:5-9).

니느웨 사람들은 하나님의 분노가 언제나 그의 사랑으로 인해 움직인다는 것을 알고 있었다. 그래서 성경은 다음과 같이 말한다.

> 하나님이 그들이 행한 것 곧 그 악한 길에서 돌이켜 떠난 것을 보시고 하나님이 뜻을 돌이키사 그들에게 내리리라고 말씀하신 재앙을 내리지 아니하시니라 (욘 3:10).

하나님의 분노는 긍정적 행동으로 표현된다. 즉 모든 악은 벌을 받을 것이라고 악인에게 선포하신다. 그들을 향한 하나님의 사랑 때문에 하나님은 불의가 처벌 받지 않는 것을 용납할 수 없었다. 그러나 니느웨의 사람들이 회개하고 악한 길에서 돌아서자, 하나님의 긍휼이 용서하도록 하나님을 움직였다. 잘못은 바로잡혔다. 하나님의 분노가 긍정적인 목적을 이루었다.

오늘날 성경을 공부하는 학생들은 그의 백성 이스라엘과 주변국에 대한 하나님의 가혹한 심판에 의문을 제기한다. 그들은 하나님의 이런 행동에서 복수심에 가득 차고 파괴적인 신의 형상을 읽어 왔다. 그러나 자세히 살펴본다면, 하나님께서 그와 같이 극단적인 방법을 사용하신 것은 피조물의 궁극적인 선을 위한 것임을 알게 된다. 하나님의 자녀들이 악한 행위에 연루되었을 때, 그분의 거룩함은 침묵을 지키는 것을 허락하지 않으며, 그분의 사랑은 항상 인류의 더 큰 선을 위해 분노를 표현한다.

2. 무엇이 예수님을 분노하게 하였는가?

신약성경으로 돌아가 예수님의 삶을 살펴본다면, 우리는 예수님 역시 그의 분노를 일으키는 악에 맞서 긍정적인 사랑의 행위를 하셨음을 알게 된다. 아마 이런 사건 중에서 가장 잘 알려진 것은 예수님의 예루살렘 성전에서의 경험이었을 것이다.

예수님은 성전에서 소, 양, 비둘기를 사고 파는 상인을 보았다.
예수님은 다음과 같이 말씀하셨다.

> 기록된 바 내 집은 기도하는 집이라 일컬음을 받으리라 하였거늘 너희는 강도의
> 소굴을 만드는도다 하시니라 (마 21:13).

또한, 예수님은 사역 초기에 환전상을 질책하셨다.

> 내 아버지의 집으로 장사하는 집을 만들지 말라 하시니 (요 2:16).

사도 요한은 예수님이 성전 구역에서 그들을 내쫓기 위해 채찍을 휘두
르셨던 모습을 다음과 같이 기록했다.

> 돈 바꾸는 사람들의 돈을 쏟으시며 상을 엎으시고 (요 2:15).

누군가는 이렇게 물을지도 모르겠다.
"예수님의 용서의 정신은 어디로 가버렸는가?"
잘못을 저지른 자들이 회개했다면, 예수님은 분명 그들을 용서했을 것
이다. 그러나 하나님의 용서는 언제나 인간의 회개에 대한 반응이라는 점
을 기억하라. 예수님의 행동은 지금 벌어지고 있는 일이 하나님의 성전
에 부적절한 일이라는 것을 상인뿐만 아니라 종교 지도자에게까지 보여
주었다.
실제로 사도 요한은 다음과 같이 기록한다.

> 제자들이 성경 말씀에 주의 전을 사모하는 열심이 나를 삼키리라 한 것을 기억하
> 더라 (요 2:17; 시 69:9 참조).

제자들은 예수님의 분노가 표출되는 것을 똑똑히 보았고, 그 이유를 아버지의 집이 장사하는 곳이 아니라 기도의 장소라는 예수님의 의롭고 깊은 관심 때문이라고 보았다.

또다른 경우, 예수님께서 안식일에 회당에 계실 때, 손이 마비된 사람이 그에게 다가왔다. 바리새파는 예수님이 안식일 법을 어겼다는 고발 거리를 찾고 있었다.

그래서 예수님은 다음과 같이 질문하신다.

> 그들에게 이르시되 안식일에 선을 행하는 것과 악을 행하는 것 생명을 구하는 것
> 과 죽이는 것 어느 것이 옳으냐(막 3:4).

사도 요한은 다음과 같이 기록한다.

> 그들을 둘러 보시고 그 사람에게 이르시되 네 손을 내밀라 하시니 내밀매 그 손이
> 회복되었더라(막 3:5).

예수님은 바리새파의 율법주의적인 생각 때문에 분노하셨다. 그들은 안식일 법을 지키는 것이 인간의 필요를 위한 사역보다 위에 있다고 생각했다. 예수님은 그들의 면전에서 사람을 치유하셨고, 그들의 악한 생각을 물리치시며, 인간을 위한 사역이 종교적 의식보다 더 중요하다는 것을 모든 사람 앞에서 생생히 보여 주셨다.

그러므로 신적 모델은 분명하다. 분노에 대한 하나님의 반응은 언제나 사랑의 행위를 베푸시고, 악을 멈추시고, 악인을 구하시는 것이다.

3. 엄청난 잘못에 대한 엄마의 반응

우리는 어떤가?

알다시피, 우리는 하나님의 형상을 지니고 있기 때문에 우리 각자는 공의, 공평, 정의에 대해 어느 정도의 관심을 가지고 있다.

우리는 불의하고, 불친절하고, 부당하게 보이는 것과 맞닥뜨릴 때마다 분노를 경험한다.

> 예수님은 바리새파의 율법적인 생각 때문에 분노하셨으므로 그들의 면전에서 그 사람을 고치셨다.

나는 하나님의 계획 속에서 '이런 분노가 우리로 하여금 잘못된 것을 바로잡기 위해 긍정적인 사랑의 행동을 하도록 동기를 부여한다'라고 믿는다. 그리고 잘못을 저지른 사람과 관계를 맺고 있는 경우에는 그 관계를 회복하도록 동기를 부여한다. 분노는 잘못한 자에게 파괴적 행위를 하라고 우리를 내모는 것이 아니며, 우리의 이웃에게 파괴적인 말과 행동을 하라는 허가증을 주는 것도 아니다.

분노의 근본적인 목적은 우리가 찾은 것보다 더 나은 것을 남길 긍정적 사랑의 행동을 하도록 동기를 부여하는 것이다.

사회개혁의 전 영역에서 이것을 살펴보자. 대부분의 독자는 'MADD'(Mothers Against Drunk Drivers, 음주 운전자에 반대하는 엄마들)를 잘 알고 있을 것이다.

혹시 이 단체가 왜 세워졌는지 알고 있는가?

나는 이 단체가 분노에서 시작되었다는 점을 알려주고 싶다. 엄마들은 음주 운전자 때문에 길에서 자녀들이 죽어가는 것을 보게 되었다. 이 운전자들은 재판에 회부되었을 때 손목만 살짝 얻어 맞고, 벌금을 조금 내고, 다음 날 길거리로 돌아갔다. 엄마들은 "이건 옳지 않다"라고 말했다. 설립자인 캔디 라이트너는 술에 취한 운전자가 그녀의 열세 살 난 딸 카리를 차로 들이박아 죽게 만들었을 때 충격을 받았다.

나중에 캘리포니아 판사가 그 상습적인 음주 운전자에게 가벼운 형을 선고했을 때 그녀의 충격과 슬픔은 격렬한 분노로 변했다. 그녀와 다른 격분한 어머니들은 곧 'MADD'를 결성했다. 그들이 목격한 불의로부터 촉발된 분노는 라이트너 부인과 다른 격분한 엄마들에게 전국 단위의 단체를 설립하는 동기를 부여했고, 이 단체는 후에 사백 개 이상의 지부로 성장했다.

당초 이들은 음주 운전으로 기소된 이들이 재판을 받을 때 교대로 법정에 앉아 있는 방식으로 접근했다. 그들은 판사와 변호사 그리고 술에 취한 운전사의 눈을 들여다보았다. 그들의 출석으로 판사들은 음주 운전자의 면허증을 돌려주기 전에 다시 한번 생각하게 되었다. 또한, 그들은 주 의회 의원들에게 음주 운전에 대해 더 엄격한 법을 제정하라고 압박했다.

지난 몇 년 동안 음주 운전에 대한 처벌이 더 엄격해졌고, 그 어느 때보다 더 많이 음주 운전자의 운전 면허가 취소되었다는 것은 굳이 말할 필요도 없다. 이 모든 일은 엄마들이 분노하였기 때문이었다. 'MADD'는 계속해서 사법 및 입법 개혁을 추구하고 있다.

'SADD'(Students Against Driving Drunk, 음주 운전에 반대하는 학생들) 조직도 비슷한 방식으로 결성되었다. 학생들은 술에 취해 운전하는 학생들로 인한 피해 때문에 분노했다.

그들은 다음과 같이 말하기 시작했다.

"동료 학생에게 음주 운전을 하도록 내버려 두는 것은 옳지 않다."

이 학생들은 조직적으로 움직이기 시작했고, 술에 취한 학생들을 집으로 데려다 줄 수 있는 술 취하지 않은 임명된 운전자를 확보하는 일에 헌신하기로 결심했다. 그들은 분노에 반응해 긍정적 사랑의 행동을 취했다.

4. "불의의 고리를 끊기 위해"

영국과 미국의 노예제 폐지는 상당수의 사람이 사회적 상황에 분노를 느꼈기 때문에 일어났다. 신앙의 위인이자 의회의 부유한 의원이며 사회개혁가인·윌리엄 윌버포스(William Wilberforce)의 이야기는 잘 알려져 있다.

1807년 윌버포스와 토마스 클락슨(Thomas Clarkson)은 영국 정부를 설득해 노예 거래에 반대하는 법안을 통과시켰다. 하지만 그 승리는 길고 때로는 고독한 전투의 정점에서 얻은 것이었다. 수십 년 동안 윌버포스는 노예무역의 폐해를 상세히 설명하고 비판하는 열정적인 연설을 의회에서 하며 지칠 줄 모르는 운동을 벌여왔다.

미국 전역에서 노예제도를 바라보던 많은 남녀가 마음속으로 **"이것은 옳지 않다"**라고 말했다. 몇 년 후 링컨 대통령이 '노예 해방 선언'에 서명하면서 악은 공식적으로 종식되었다. 『톰 아저씨의 오두막』(*Uncle Tom's Cabin*)의 저자 해리엇 비처 스토우(Harriet Beecher Stowe)와 같은 사람들이 악과 불의에 대해 분노함으로써 국가가 양심의 가책을 받게 만든 것이다. 이것은 예언자 이사야를 통한 하나님의 소망과 일치한다.

> 내가 기뻐하는 금식은 흉악의 결박을 풀어 주며 멍에의 줄을 끌러 주며 압제 당하는 자를 자유하게 하며 모든 멍에를 꺾는 것이 아니겠느냐 또 주린 자에게 네 양식을 나누어 주며 유리하는 빈민을 집에 들이며 헐벗은 자를 보면 입히며 또 네 골육을 피하여 스스로 숨지 아니하는 것이 아니겠느냐(사 58:6-7).

하지만 어떻게 이런 일을 일상생활 속에서 할 수 있을까?

제1장에서 만났던 브룩에게 돌아가보자. 그녀는 어린 자녀의 부적절한 행동 때문에 화가 났고, 집에서 제대로 도와주지 않는 남편에게 화가 났고, 집에서 자녀들을 양육하겠다고 선택한 자신에게 화가 났고, 결국은 그녀의 마음속에 이런 온갖 혼동이 일어나도록 내버려둔 하나님께 화가 났다.

당분간 브룩이 구체적으로 어떤 행동을 해야 할지는 생각하지 말자.

단순하게 이렇게 물어보자.

브룩이 화를 내는 목적은 무엇인가?

나는 브룩의 분노가 불친절하고, 불공평하고, 부당하고, 비인간적이라고 느끼는 것에 대해 긍정적인 사랑의 행동을 취하게 하는 동기가 된다고 본다. 그녀는 자신의 분노를 무시하지 않는다. 분노는 돌진하는 자동차의 번쩍이는 빨간 등과 같다. 이것은 관심을 가져야할 무엇인가가 있음을 보여 주는 것이다.

분노는 잘못과 불의를 바로 잡기 위해 사랑의 행위를 하도록 우리를 이끄는 유용하고, 강력하고, 긍정적인 동기부여 요소가 될 수 있다. 하지만 이것은 격렬하고 통제되지 않는 힘이 될 수도 있다.

따라서 분노에 대해 우리가 겪는 어려움은 그 뜨거운 열기 때문에 놀라울 정도로 긍정적인 분노의 모든 목적을 전혀 알지 못하는 것이다. 우리는 일을 바로잡는 것을 잊어버리고 결국 일을 더 악화시킨다. 이것은 우리에게 다음의 긴급한 질문을 하게 한다.

어떻게 긍정적인 방법으로 분노를 처리할 수 있을까?

분노에 차서 도약하는 자는
언제나 나쁜 착지를 하기 마련이다.

윌 로저스(Will Rogers)

제3장

선한 이유로 분노할 때

아래에 나오는 사람들은 모두 다른 이유로 분노를 느낀다. 하지만 그들 분노의 대상은 동일하다.

첫째, 모니크는 매번 가족 모임에 참석할 때마다 가기 전에 기도를 한다.

왜냐하면, 여동생 펠리시아가 그녀에 대해 '간섭하기' 때문이다. 예를 들면, 머리 스타일, 먹는 습관, 혹은 그녀가 엄마를 대하는 태도 등이다. 모니크는 엄마를 위해서라도 평화롭게 지내고 싶지만, 속으로는 화가 치민다.

둘째, 벤은 개인 사업을 운영하는 컨설턴트이다.

고객 중 한 명이 그에게 빚을 많이 지고 있다. 빌은 전화를 걸고, 편지를 보내고, 문자를 보내고, 이메일을 보내고, 직접 방문하기도 했다. 고객은 계속 약속을 번복하고, 대금을 지불하지 않는다. 벤은 너무 화가 나서 소송을 고려하고 있다.

셋째, 안나와 네이트는 수 개월 동안 교제 중이고, 결혼 이야기를 시작하고 있다.

안나는 네이트를 사랑하지만 그가 습관적으로 늦는 것 때문에 신경이 쓰인다. 그녀는 일이 끝나고 그가 데리러 오기만을 기다리며 짜증내는 일에 익숙해지고 있다고 느낀다.

넷째, 앨런의 이웃인 토니는 지난 주에 앞마당에 조경을 시작하기로 결정했다.

관목을 치우는 과정에서 그는 앨런의 땅에 있는 두 개의 관목도 없애 버리게 되었다. 앨런은 관목이 없어지고 구멍이 생긴 것을 보고 매우 화가 났다. 그의 아내 마릴린은 퇴근해서 집에 오자마자 잔소리를 듣게 되었다.

다섯째, 크리스틴은 심란해하며 내 상담센터에 앉아 말했다.

"저는 이해를 못하겠어요. 스티브와 저는 결혼한지 14년이 되었어요. 결혼 생활은 괜찮았어요. 그런데 그가 더 이상 저를 사랑하지 않아요. 다른 사람이랑 사랑에 빠졌대요.

어떻게 다른 사람과 사랑에 빠질 수가 있죠?

심지어 지난주에 저랑 성관계도 했어요.

다른 사람을 사랑하면서 어떻게 그럴 수가 있죠?"

모든 사람은 똑같은 대상에게 화를 낸다. 바로 다른 사람이다. 이것이 바로 이번 장에서 다루고 싶은 분노의 종류다. 분노는 당신이 관계를 맺고 있는 다른 누군가를 향해 있다. 그 누군가는 가족, 룸메이트, 친구, 직장 동료, 이웃일 것이다. 당신과 계속 관계를 맺고 있는 누군가다.

1. 긍정적으로? 사랑으로?

당신이 관계를 맺고 있는 누군가를 향해 분노할 때, 다음 두 가지 문제가 가장 중요하다.

첫째, 나의 반응은 **긍정적**인가?
나의 반응은 잘못을 다루고 관계를 치유할 잠재력을 갖고 있는가?

둘째, 나의 반응에 **사랑**이 있는가?

나의 반응은 내가 화를 내고 있는 사람의 유익을 위한 것인가?

우리는 여기에서 정당한 분노를 이야기하고 있다. 즉 위의 예에서 보듯이 상대방이 진짜 잘못해서 야기된 분노다.

그렇다면 모니크, 벤 그리고 다른 이들은 자신의 정당한 분노를 어떻게 다루어야 하는가?

나는 5단계 과정을 조언한다.

1단계 : 화가 났다는 사실을 의식적으로 인정하라.

2단계 : 즉각적인 반응을 억제하라.

3단계 : 분노의 초점을 찾아라.

4단계 : 당신의 선택지를 분석하라.

5단계 : 건설적인 행동을 하라.

우리는 각 단계를 마치면서 생산적 분노가 되는 쪽으로 나아간다.

2. "네, 저 화났어요!"

1단계 : 의식적으로 당신이 화가 났다는 것을 스스로 인정하라.

당신은 아마 이렇게 생각할 것이다.

'그건 분명해요. 누구든지 제가 화난 것을 알고 있을 거에요.'

하지만 당신은 당신의 분노를 **인식**하고 있는가?

분노의 감정은 갑자기 나타나기 때문에 종종 우리 속에서 무슨 일이 일어나고 있는지 의식하고 인정하기도 전에 분노에 대한 말이나 신체적 반응에 사로잡히게 된다. 우리가 화가 났다는 것을 스스로 먼저 인정한다면, 분노에 대해 훨씬 더 긍정적으로 반응하게 될 것이다.

나는 다음과 같은 말을 큰 소리로 말해볼 것을 제안한다.

"나는 이것에 화가 난다!

이제 뭘 해야 할까?"

이런 말은 문제를 직면하게 한다. 당신은 이제 자신의 분노를 자각하고 있을 뿐만 아니라, 자신의 분노와 앞으로 취할 행동 사이의 차이를 스스로 구별하게 된다. 당신은 단순히 감정에 의해 조종되는 것이 아니라 분노에 이성을 적용하는 단계로 나아간다. 이것은 분노를 긍정적으로 다루는 중요한 첫걸음이다.

이게 간단하게 들릴지 모르지만 **일부 기독교인은 어려움을 겪고 있다**. 그들은 평생 '분노는 죄악'이라고 배워왔다. 그래서 '화가 났다는 것'을 인정하는 것은 '죄를 짓고 있다는 것'을 인정하는 것이다. 그러나 이것은 분노에 대한 성경의 관점이 아니다.

제1장과 제2장에서 분노의 경험이 죄가 되지 않는다는 것을 분명히 밝혔다. 분노는 우리 인간성의 일부이며 하나님 자신에 의해 경험된 분노를 반영한다.

사도 바울은 다음과 같이 말하므로 이 점을 분명히 했다.

> 분을 내어도 죄를 짓지 말며 (엡 4:26).

도전은 **화내지 말라**는 것이 아니다. 도전은 우리가 화가 났을 때 죄를 짓지 않는 것이다.

이것은 정확히 우리가 이 장에서 다루고 있는 주제다.

화가 났을 때 어떻게 죄를 짓지 않을 수 있을까?

긍정적으로 표현하자면 내 행동이 건설적이려면 어떻게 분노에 대처해야 할까?

나는 의식적으로 그리고 말로 표현함으로써 화가 났다는 것을 스스로 인정하는 것이 이 목표에 도달하는 첫 단계라고 믿는다.

3. 억제 : 숫자 1,000까지 셀 것

2단계 : 당신의 즉각적 반응을 억제하라.

매우 소수의 성인만이 자신의 분노를 통제하고, 다루는 법을 배운다. 우리는 대부분의 성인이라면 어릴 때 부모님이나 다른 중요한 어른을 보면서 학습한 방식을 따라한다. 이 방식은 양극으로 가는 경향이 있다.

한편으로 말이나 신체적으로 분기탱천하거나, 다른 한편으로는 체념하거나 침묵하는 것이다. 대부분의 성인이라면 분노 조절을 반드시 배워야만 하는 것으로 여긴다. 이것은 옛 습관을 **잊어버리는 것**을 의미한다.

> 맹렬한 말들을 쏟아내기 전에 우리는 그 반응을 억제하기 위해 스스로 훈련할 수 있는 어떤 순간이 있다.

그래서 즉각적인 우리의 반응을 억제하는 것은 새로운 방식을 확립하는 일에 매우 중요하다. 우리의 반응을 억제하는 것은 분노를 쌓아두는 것이 아니다. 이것은 화가 날 때 일반적으로 하게 되는 행동을 하지 않는다는 것이다. 솔로몬은 다음과 같이 현명하게 말했다.

> 어리석은 자는 자기의 노를 다 드러내어도 지혜로운 자는 그것을 억제하느니라
> (잠 29:11).

> 노하기를 더디 하는 것이 사람의 슬기요(잠 19:11).
>
> 노하기를 속히 하는 자는 어리석은 일을 행하고(잠 14:47).

솔로몬 잠언의 명철함을 생각해 보라.

작가 비어스(Ambrose Bierce)는 다음과 같이 말했다.

> 화가 날 때 말하라. 그러면 당신이 후회할 최고의 연설을 하게 될 것이다.

우리는 대부분 화가 나서 나중에 후회할 행동을 하거나 불행히도 지울 수 없을 말을 바로 내뱉는 경험을 한다. 혹은 우리는 화가 치미는 순간에 누군가에게 문자를 보내거나 이메일을 보낸다. 즉각적인 반응을 억제하는 법을 배우는 편이 훨씬 낫다.

때때로 나는 결혼 세미나에서 다음과 같이 말하는 사람을 만난다.

"저는 분노 조절을 못하겠어요. 화가 날 때는 어쩔 줄을 모르겠어요. 멈출 수가 없어요. 그냥 미쳐 날뛰어요."

나는 그렇게 말하는 사람에게 동정심을 느끼고, 일단 분노가 일어나기 시작할 때의 그 강력한 본성도 이해하지만 나는 이것이 근거 없는 말이라고 생각한다.

일단 우리가 말로든 육체적으로든 파괴적인 방법으로 분노를 표출하기 시작하면, 그 용암의 흐름을 멈추기 어려운 것이 사실이다. 하지만 맹렬한 말들을 쏟아내기 전에 그 반응을 억제하기 위해 스스로 훈련할 수 있는 어떤 순간이 있다.

당신의 엄마는 다음과 같은 상식적인 충고를 해준 적이 있는가?

"네가 화가 날 때, 행동을 하거나 말을 하기 전에 10을 세어라."

이것은 좋은 충고이지만, 우리 중 많은 사람은 백까지 심지어 천까지 셀 필요가 있다. 이렇게 지연시킴으로써 속에 일어나는 불길을 끌 수 있다. 많은 이가 반응을 억제할 때 이런 기법이 효과가 있다고 본다.

나는 숫자를 소리를 내며 세어 볼 것을 제안한다. 만약 화를 내게 만드는 사람과 같이 있다면, 나는 그 자리를 떠날 것을 제안한다. 숫자를 세면서 걸어 나가라. 숫자 597을 셀 때, 반 블록쯤 되는 곳에 이르러 아마도 당신은 멈추어 서서 다음과 같이 말하게 될 것이다.

"나는 이것 때문에 화가 난다.

이제 나는 어떻게 하지?"

이렇게 말할 수 있는 정신적, 감정적 상태에 놓이게 되면, 바로 이때가 기도할 때다.

"주님, 내가 화가 났다는 것을 아시지요. 나는 그들이 한 일이 잘못되었다고 믿어요. 이런 상황에서 어떻게 대응해야 할지 현명한 판단을 할 수 있도록 도와주세요."

그리고 당신은 하나님과 함께 당신의 선택지를 보기 시작한다.

내가 결혼 세미나에서 자주 공유했던 또다른 기술은 화가 났다는 것을 깨달았을 때 **타임아웃**을 부르는 것이다. 이것은 단순히 말로 표현할 수도 있고, 텔레비전의 운동 경기에서 자주 볼 수 있는 타임아웃 기호를 만들어 시각적으로 표현할 수도 있다. 즉 양손의 손가락을 뻗어 T를 만들 수 있다.

이런 표현은 다음과 같은 의미를 상징한다.

"지금 화가 나는데, 성질을 부리고 싶지 않아요. 그러니 타임아웃 합시다."

만약 당신이 위와 같은 표현이 둘 다 긍정적인 기술이며 상황을 회피하는 것이 아니라는 것을 이해한다면, 당신은 이것을 분노를 조절하는 긍정적인 단계로 받아들일 수 있을 것이다.

타임아웃은 3개월을 지속하는 것이 아니라는 것을 알아야 한다. 단지 잠깐 동안 감정을 통제할 수 있는 기회를 줘서 건설적인 행동으로 그 상황에 접근할 수 있게 한다.

4. 왜 당신은 정말로 화가 났는가?

3단계 : 분노의 초점을 찾아라.

즉각적 반응을 억제할 때 **3단계**를 취하라. "타임아웃"을 말하고, 숫자 백이나 천을 센 후 **당신의 분노에 초점을 맞춰라.**

만약 배우자에게 화가 났다면, 스스로 다음과 질문을 해 보라.

내가 왜 이 정도로 화가 날까?

배우자의 말 때문인가?

아니면 행동 때문인가?

배우자가 말하는 방식 때문인가?

배우자가 나를 바라보는 눈길 때문인가?

배우자의 행동이 내 아버지나 어머니를 연상시키는가?

배우자를 향한 분노가 오늘 직장에서 일어난 일이나 오래 전 내가 어릴 때 일어난 일에 영향을 받지는 않았는가?

세일라는 십 대 아들 조쉬가 집을 나가기 전에 청소를 하지 않아서 화가 났다. 그녀의 엄마는 세 시간 후에 도착할 예정이었다. 조쉬가 나간 후, 세일라는 화를 식히고 일어난 일을 다시 생각해 보았다. 조쉬를 향한 분노가 사실은 그녀의 엄마 때문이라는 것을 깨달았다. 그녀의 마음은 수 년 전의 한 장면으로 되돌아갔다.

그녀의 엄마는 그녀를 쳐다보고 다음과 같이 말했었다.

"넌 아무 것도 못 할거야. 봐, 너는 네 방도 못 치우잖아."

엄마가 곧 저 문을 열고 들어와서 똑같이 조쉬의 방을 살펴볼 것 같았다.

그러나 이것이 세일라가 진짜 실패자라는 최종 증거가 될 수 있는가?

엄마가 오지 않았다면 조쉬의 방은 그녀에게 큰 일이 아니었을 것이라는 점을 인정했다. 사실 조쉬의 방은 늘 어질러져 있었다. 이것은 세일라가 자신의 분노를 보다 긍정적인 방식으로 보게 했다.

분노의 초점을 찾는 핵심은 당신이 화를 내고 있는 대상이 저지르고 있는 잘못을 찾아내는 것이다.

그 사람의 죄는 무엇인가?

그 사람이 어떻게 당신에게 잘못하고 있는가?

더그는 화가 나서 그의 아내 켈리에 대해 다음과 같이 말했다.

"그녀는 나한테 시간을 전혀 안 내줘요. 누군가 그녀에게 그녀가 결혼한 사람이라는 것을 제발 좀 말해 주면 좋겠어요."

그는 자신의 분노를 분석할 때 켈리가 그녀의 친구와 놀러가느냐 마느냐가 문제가 아니라는 점을 깨달았다.

그의 분노는 사실 충족되지 않은 사랑의 욕구에 초점이 있다. 그의 마음에는 이것이 진짜 문제였다. 아내는 남편에게 사랑을 표현해야 한다. 그는 사랑받는다고 느끼지 못했다. 그는 무시당하는 기분이었다. 그의 분노는 사랑에 대한 감정적 필요를 켈리가 충족시켜주지 못한 것에 초점이 있다. 이 통찰은 그가 훨씬 더 건설적인 방법으로 분노를 다루게 했다.

다른 문제는 잘못이 얼마나 **심각한가**다. 데이트 때 제시간에 나타나지 않는 네이트와 가학적인 네이트는 동일한 수준에 있는 것이 분명히 아니다. 어떤 잘못은 가볍고, 어떤 것은 심각하다. 각각의 경우는 다른 반응이 필요하다. 심각한 문제와 가벼운 문제에 대해 동일하게 반응하는 것은 분노를 잘못 다루는 것이다.

사안의 심각성을 1에서 10의 척도로 평가하는 것은 도움이 된다. 10은 가장 심각한 잘못이고, 1은 사소한 짜증이다. 잘못의 수준을 숫자로 표현하는 것은 당신이 사안을 올바로 보는 일에 도움이 될 뿐만 아니라, 당신을 화나게 한 사람과 그 숫자를 공유하는 것은 상대방이 당신과 함께 분노를 다룰 수 있도록 정신적, 감정적으로 준비시킨다.

문제가 "2"라고 말한다면, 나는 이 일이 밤새도록 걸리지는 않을 것이라고 본다. 그리고 내가 당신에게 전념하고 이해하고자 한다면, 우리는 이걸 비교적 쉽게 풀 수 있을 것이다. 반면에 만약 "10"이라고 말한다면, 나는 기나긴 힘든 밤을 보내야 하고, 책 읽는 것은 다른 밤으로 미뤄야 할 것이다.

5. 맞서거나 무시하기?

4단계 : 당신의 선택지를 분석하라.

당신의 분노와 잘못의 심각성의 초점을 찾는 것은 **4단계**를 취하도록 한다. **당신의 선택지**를 분석하라. 이제 질문을 던질 시간이다.

내가 취할 수 있는 가능한 조치는 무엇인가?

마음속에 떠오르는 생각을 적거나 자신에게 소리 내어 말하고 싶을 것이다.

선택지가 많다. 당신은 그들의 부당하고, 불친절하고, 애정 없고, 배려 없고, 불친절한 행동에 대해, 그들에게 돌아가서 말로 질책할 수 있다. 당신은 또한 과거의 모든 잘못들을 떠올릴 수 있다. 심지어 당신이 그 문제에 대해 얼마나 강하게 느끼는지를 보여 주려고 욕설을 할 수도 있다. 혹은 야구 방망이를 들고 돌아가서 신체적으로 그들의 머리를 때리거나, 뺨을 때리거나, 세게 흔들거나, 음료수병을 던질 수 있다. 당신은 그들을 정신적으로 무시할 수 있다.

그들은 멍청하고, 바보 같고, 무지하다. 그 문제에 대해 이야기하는 것조차 시간 낭비라고 본다. 바보와 대화하는 것은 도움이 되지 않는다. 나는 컴퓨터나 하고, 다신 얘기하지 않을 것이다. 아니면 고독을 통해 복수할 수 있는 방법을 찾으려 할 수도 있다.

나는 그들의 삶에서 걸어 나와 다시는 그들을 보지 않고 더 이상 설명을 하지 않을 것이다. 그들이 잠시 거절을 경험하도록 하자.

이런 것과 더 많은 선택이 당신의 마음을 가득 채울지 모른다.

다음 중 신중한 선택지가 있다면, 그것은 무엇인가?

자, 우리의 두 가지 근본적인 질문을 기억하라.

긍정적이고 애정이 있는가?

즉 내가 고려하고 있는 행동이 잘못에 대처하고, 관계를 도울 수 있는 잠재력이 있는가?

그리고 그것이 내가 화를 내는 상대방에게 가장 좋은 것인가?

위에서 언급한 대부분의 선택 사항이 이 테스트를 통과하지 못할 것이라는 데 당신은 동의할 것이다. 이론적으로 이런 것은 가능한 선택지이지만 건설적인 선택지는 아니다. 이런 것은 내가 과거에 했을지도 모르는 선택이지만, 내가 미래에 하고 싶은 선택은 아니다.

그러면 기독교인의 선택은 무엇인가?

내가 보기에는 두 개밖에 없다. 하나는 애정을 갖고 상대방에게 맞서는 것이다. 다른 하나는 의식적으로 그 문제를 무시하기로 결정하는 것이다.

두 번째 선택지부터 살펴보자. 기독교인의 최선의 선택은 내가 피해를 받았다는 것을 인정하지만 잘못을 저지른 사람에게 맞서봤자 얻게 될 보상의 가치가 거의 없거나 전혀 없다는 결론을 내릴 때가 있다. 그래서 나는 그 잘못을 받아주고 그 사람을 하나님에게 맡기는 것을 선택한다. 이것은 당신의 분노를 채우거나 쌓아두는 것과는 다르다. 정반대다. 이것은 하나님에게 분노를 표출하는 것이다. 이것은 복수할 권리를 포기하는 것이며, 성경에 따르면, 그것은 언제나 하나님의 특권이다(롬 12:19 참조).

그리고 이것은 당신 자신의 행복을 위해 벌어진 일이 당신을 갉아 먹지 못하도록 하는 것이다. 당신은 그 죄를 눈감아 주기로 의식적인 선택을 한 것이다.

이것이 성경이 말하는 **관용**이며, 하나님이 전적으로 상황을 인지하고 계심을 알기 때문에, 정의의 문제를 하나님께 넘기고 있다. 그래서 하나님이 현명하다고 판단하시는 것을, 그것이 무엇이든 개인에게 행할 수 있다. 당신은 당신에게 가해진 잘못에 대해 감정적인 포로가 되지 않기를 선택한다.

때때로 이 선택이 최고일 수도 있다. 예를 들어 당신의 부모님은 인생의 중요한 시기에 두세 가지 이유로 당신을 수년 동안 부당하게 대했거나 상처를 깊이 입혔다. 당신은 그들과 피상적인 관계를 맺어 왔지만, 분노는 지금까지 가슴 속에 살아있다.

아마도 당신은 이제 기독교인이 되었거나 지금 기독교인으로 성장하고 있을 것이고, 이 분노를 다루고 싶어한다. 이제 당신의 부모님은 80대이다. 당신은 그들이 당신의 상처를 이해하거나 대응할 능력이 없다는 것을 마음으로 알고 있다. 몇 년 전에 한 번 시도했지만, 아무 것도 얻지 못한 것을 기억한다. 그래서, 이제 그만둘 때가 되었다고 결심한다.

당신은 이렇게 말할지도 모른다.

"내가 원했던 것만큼 부모님과 깊이 있는 관계를 맺지 못할 거야. 하지만 이 시점에서 그들에게 맞서 보았자 역효과를 얻을 거야. 그래서 나는 하나님께 나의 분노와 상처를 맡겨버리려고 해.

> 기독교인은 두 가지 옵션이 있다. 상대방에게 애정을 갖고 맞서거나 문제를 무시하기로 결정하는 것이다.

하나님은 무조건적 사랑으로 나를 사랑하시고, 하나님은 정의롭고 자비로운 하나님이시니 내 부모님을 통해 올바른 일을 하실 것을 알기 때문이야."

그리고 당신은 이렇게 말할 것이다.

"나는 부모님을 하나님의 보살핌에 맡기고, 나의 분노도 하나님께 맡기려고 해. 하나님의 성령이 내 존재를 채우시고 모든 원망과 분노로부터 나를 씻어 주실 거야."

당신은 의식적으로 관용의 길을 택했다. 관용적으로 대응하는 것이 최선인 또다른 예가 있다. 직장에서 당신의 상사가 당신을 부당하게 대한다. 당신의 분노를 분석하고, 선택지를 탐색하는 과정에서, 당신의 친구 중 다섯 명이 최근에 똑같은 상사에게 맞섰다는 것을 기억하게 된다. 그 다섯 명 모두 즉시 해고당하였다. 그래서 당신은 상사가 무정하고, 비이성적인 인간이며, 그녀와 대화하면 일이 더 나빠질 거라고 결론을 내린다.

당신은 부양할 가족이 있고, 요즘 직장을 쉽게 구할 수 없다는 것을 깨닫고, 그쯤 해 두기로 했다. 계속해봤자 당신이 상사에 대한 감정이나 생각을 바꾸지 못하리라는 것을 안다. 당신은 여전히 상처받고, 여전히 부당한 대접을 받고 있다고 생각한다. 하지만 당신은 의식적으로 내버려 두기로 결심한다. 아마 당신은 다른 직장을 알아보기 시작할지 모르겠다. 아니면 아마도 당신의 상사가 회사에 있는 한, 당신이 회사에서 진급하지 못할 거라고 깨달을 것이다.

어느 경우든 당신은 화가 나서 상사에게 맞서는 것 역시 역효과일 것이라고 확신한다. 그런 행동을 하면, 당신은 상사와 하나님 모두에게 화를 내게 될 것이다. 생계를 유지하기 위해, 당신은 그런 행동들이 최선이라고 생각한다. 그렇게 하는 것은 상사와 당신의 관계를 향상시키지는 못하지만 당신에게 감정적, 육체적 에너지를 보다 생산적인 활동에 쏟을 수 있는 자유를 준다.

많은 경우에 잘못을 무시하는 것이 최선의 선택일 수 있다. 성경은 이것이 종종 화를 다스리는 유효한 방법이라는 것을 인정한다.

> 어리석은 자는 자기의 노를 다 드러내어도 지혜로운 자는 그것을 억제하느니라 (잠 29:11).

우리의 분노를 하나님에게 맡긴다. 모든 일은 그의 손에 놓여 있고, 우리는 삶을 이어간다.

그러나 분노에 대한 훨씬 더 현명한 반응은 해결책을 찾기 위해 잘못한 사람에게 애정을 갖고 대응하는 것이다.

> 만일 네 형제가 죄를 범하거든 경고하고 회개하거든 용서하라(눅 17:3).

예수님은 당신이 관계를 맺고 있는 자에 대해서 말씀하고 계시다는 점에 유의하라. 예수님은 "다른 믿는 자가 … 너에게 죄를 범한다면"이라고 말씀하신다. 나아가, **경고**로 번역된 단어는 문자 그대로 '강력하게 공격하다'를 뜻한다. 그러므로 경고한다는 것은 문제를 어떤 사람 앞에 제시하고, 그 사람으로 하여금 확실하게 관심을 갖도록 하는 것이다. 신약성경에는 이런 예가 많다.

한 번은 예수님께서 많은 고초를 겪고, 장로들과 대제사장들에게 거부당하자, 자신이 죽임을 당하고, 사흘 후에 부활하리라는 것을 제자들에게 가르치기 시작하셨다. 성경은 한 제자의 반응을 기록하고 있다.

> 베드로가 예수를 붙들고 항변하매(막 8:32).

왜 베드로는 예수님에게 항변했는가?

왜냐하면, 그는 마음속으로 예수님께서 말씀하시는 것이 옳지 않다고 생각했기 때문이다. **이것은 당신이 왕국을 세우는 방식이 아니다. 그리고 내 스승은 분명 죽지 않을 것이다.** 아마도 베드로는 예수님이 낙담했다고 생각했던 것 같다. 하지만 그는 예수님이 말씀하시는 바에 분명 동의하지 않았고, 그래서 개인적으로 그에게 항변했다. 이에 예수님은 몸을 돌려 제자들을 바라보았다. 그리고 나서 그는 베드로를 꾸짖었다.

> 사탄아 내 뒤로 물러가라 네가 하나님의 일을 생각하지 아니하고 도리어 사람의 일을 생각하는도다(막 8:33).

예수님은 베드로가 현실을 오해하고 있다는 것을 알고 있었다. 사실 그는 사탄의 말을 하고 있었다. 쉽게 말해서, 베드로는 틀렸고, 예수님은 그의 잘못에 분명하게 맞섰다. 또 한 번은 예수님이 믿지 않는 사마리아인에게 적대적인 태도를 보인 야고보와 요한을 꾸짖으셨다. 그들이 "주여 우리가 불을 명하여 하늘로부터 내려 저들을 멸하라 하기를 원하시나이까"(눅 9:54)라고 말했다.

예수께서 돌아보시며 꾸짖으시고 함께 다른 마을로 가시니라(눅 9:55-56).

분명히 그들의 태도가 잘못되었고, 예수님은 그들에게 그 문제에 관심을 갖도록 하셨다. 질책은 언어폭력이 아니다. 질책은 당신에게 잘못을 저지른 형제나 자매 앞에 문제를 제시하는 것이다. 이런 질책은 친절하면서도 단호하게 행할 필요가 있다. 베드로가 구세주의 죽음에 관한 예수님의 말을 오해했던 것처럼, 우리가 형제의 말이나 행동을 오해할 가능성은 늘 있다는 것을 인식해야 한다.

나는 종종 사람들에게 질책을 하기 전에, 질책을 적어보라고 제안한다. 다음과 같은 내용일 것 같다.

"나를 괴롭혀 온 것이 있다. 사실, 화가 난다고 말해야 할 것 같다. 어쩌면 내가 상황을 오해하고 있을지도 모르지만, 기회가 있을 때, 그 일에 대해 당신과 이야기를 나누고 싶다."

이렇게 적어보는 것은 당신이 어디에 있는지를 보여 준다. 당신의 분노를 노골적으로 드러내며, 그 일에 연루된 사람과 함께 분노를 다룰 수 있는 기회를 달라는 것이다. 당신은 당신의 인식이 불완전할 수 있다는 것을 미리 인정했지만, 어쨌든 그 문제를 해결하기 원한다. 이런 식으로 접근한다면, 이야기할 수 있는 기회를 주지 않는 사람은 거의 없을 것이다.

기회가 주어진다면, 당신이 듣거나 보거나 진실이라고 생각하는 것에 대한 당신의 인식을 그들 앞에 꺼내놓고, 당신이 그 상황을 정확히 이해하고 있는지 물어보라. 이것은 그 사람에게 이런 것들을 준다.

첫째, 당신이 몰랐던 정보를 당신과 공유할 수 있는 기회
둘째, 그의 행동이나 말에 대한 동기를 설명
셋째, 그가 한 일이 잘못되었다는 것을 당신에게 분명히 인정하고 용서를 구할 수 있는 기회

이런 열린 소통의 맥락에서 각자 상대방을 이해하려고 노력한다면 문제는 해결될 것이다. 상대방의 설명이나 잘못에 대한 고백으로 화해를 위한 발판이 마련된다. 만약 그 사람이 잘못을 인정하고 뉘우치는 태도를 보인다면, 예수님은 그를 용서하라고 우리에게 분명하게 가르치셨다.

예수님은 마태복음 18:15-17에서 이 원칙을 어떻게 작용할지를 개교회 상황에서 설명했다.

> 네 형제가 죄를 범하거든 가서 너와 그 사람과만 상대하여 권고하라 만일 들으면 네가 네 형제를 얻은 것이요 만일 듣지 않거든 한두 사람을 데리고 가서 두세 증인의 입으로 말마다 확증하게 하라 만일 그들의 말도 듣지 않거든 교회에 말하고 교회의 말도 듣지 않거든 이방인과 세리와 같이 여기라 (마 18:15-17).

당신은 이교도나 세리를 어떻게 대하는가?

당신은 그의 구원과 회복을 위해 기도하라. 그리스도가 그 사람을 위해 죽으셨으니 당신은 존엄과 존경을 가지고 그 사람을 대하라. 하지만 당신은 그와 따뜻한 우정을 나눌 수는 없다. 왜냐하면, 그는 분열을 초래하는 그 죄를 다루기를 항상 거부하기 때문이다.

그러므로 교회 안에서나 밖에서나, 친구나 가족과의 화해는 언제나 이상적이다. 맞서는 것은 비난하기 위한 것이 아니라, 오히려 진실하고, 열려 있으며, 사랑하는 자와의 관계를 회복하기 위한 것이다. 오해가 있다면, 우리는 형제나 부부로서 교제를 회복할 수 있도록 분위기를 개선해야 한다. 잘못을 고백한다면, 우리는 용서할 것이고 관계는 회복될 것이다.

사도 바울은 다음 번에는 우리가 죄를 저지르는 자가 될지도 모른다는 것을 항상 기억해야 한다고 말한다(갈 6:1 참조). 우리 중 어느 누구도 완벽하지 않으며, 우리가 잘못을 했을 때, 피해를 입힌 상대방의 분노를 자극할 가능성이 높다.

애정을 갖고 맞선다는 것은 대부분의 사람에게 쉽지 않은 일이다. 우리는 이런 식으로 분노를 다루는 방법에 대해 훈련받지 못했고 경험도 거의 없다. 우리는 말을 쏟아내거나, 아니면 분노를 부인하거나 감추려 했던 경험이 훨씬 더 많다. 하지만 그런 방법은 언제나 파괴적이다. 화해를 하고자 애정을 갖고 맞서는 것이 대개 최선의 방법이다.

6. 마지막 단계 : 건설적인 행동을 하라

5단계 : 건설적인 행동을 하라.

건설적인 행동을 취하는 것이 5단계다.

일단 우리가 선택지를 탐색하고 나면, 행동을 해야 할 시간이 온다. 만약 죄를 용서하기로 결정한다면, 이 결정을 하나님과 공유해야 한다.

이런 말을 할지도 모른다.

"주님!

주님은 무슨 일이 일어났는지 아십니다. 제가 얼마나 상처받고, 얼마나 화가 나는지 아시죠. 그러나 이 상황에서 제가 할 수 있는 최선의 일은 잘못을 받아들이고, 그 사람을 주님께 맡기는 것임을 정말로 믿습니다. 주님은 그의 행동뿐만 아니라 동기도 알고 계십니다.

저는 주님이 의로운 하나님이심을 알기에, 그 사람에게 옳은 일을 하실 줄 믿습니다. 저는 또한 주님에게 제 분노를 맡깁니다. 저는 분노 때문에 이 상황을 생각하게 되었고, 최선이라고 믿는 단계를 밟고 있습니다.

따라서 문제는 끝났습니다. 제 분노는 그 목적을 이루었습니다. 이제 주님께 맡깁니다. 앞으로 얼마 동안 제게 닥칠 어떤 생각의 찌꺼기와 감정에 지배당하지 않도록 도와주십시오. 저는 제 인생을 건설적으로 살고 싶고, 이 일 때문에 방해 받고 싶지 않습니다. 제가 당신의 자녀이고, 주님이 저를 보살펴주심에 감사드립니다."

만약 다음 며칠 또는 몇 주 동안 마음속에 당신이 당한 잘못을 떠올리고 상처와 분노의 감정이 되돌아온다면, 그러한 생각과 감정을 하나님께 가져가서 이렇게 기도하자.

> **맞서는 것은 비난하려는 것이 결코 아니다.**

"주님, 지금 제가 기억하는 것을 그리고 제가 느끼는 감정들을 아시죠. 그러나 저는 제가 그렇게 일을 처리한 것에 감사합니다. 저의 생각과 감정을 주님께 맡깁니다. 오늘 남은 하루도 인생에서 뭔가 건설적인 일을 할 수 있도록 지금 저를 도와주십시오."

그런 후에 당신은 오늘의 도전을 직면할 수 있게 된다. 한편, 만약 당신이 당신에게 잘못한 사람에게 애정을 갖고 맞서는 것을 선택한다면, 바울이 준 도전을 기억하라.

> 형제들아 사람이 만일 무슨 범죄한 일이 드러나거든 신령한 너희는 온유한 심령으로 그러한 자를 바로잡고 너 자신을 살펴보아 너도 시험을 받을까 두려워하라 (갈 6:1).

당신은 어쩌면 다음처럼 맞설 수 있다.
"무언가가 나를 괴롭혀요!
당신의 의견이 필요합니다.
얘기 좀 할 수 있을까요?"
만약 당신의 요청이 받아들여진다면, 당신은 아마도 다음과 같이 말할 것이다.

"난 일어난 일에 상처를 좀 받았고 분노를 느끼고 있어요. 내가 상황을 오해하고 있을 수도 있다는 것을 압니다.

그래서 당신과 이야기하고 싶습니다. 어제 당신이 [무엇 무엇을] 할 때, 나는 그것이 매우 무례한 행동으로 느껴졌어요. 당신이 내 감정을 전혀 고려하지 않는 것 같았어요. 어쩌면 내가 당신의 행동을 오해한 건지도 모르지만, 난 이 문제를 해결해야겠어요."

아마도 그 사람은 자신의 행동을 조명하고, 그 행동과 의도에 대해 다른 관점을 제시할 수 있는 설명을 해 줄 것이다. 또는 반대로, 그 사람은 자신이 한 행동이 사려 깊지 못하고 무례했다는 것을 인정하면서 용서해 달라고 부탁할 수도 있다. 이럴 때 당신은 언제나 용서해야 한다.

만약 그 죄가 본질적으로 지극히 중대하다면, 용서를 한다고 해도 그 사람에 대한 신뢰를 회복하지 못할 수도 있다. 용서의 본질은 차차 논의하겠지만, 용서는 그 사람에게 이 특별한 죄를 더 이상 짓지 않겠다는 약속이다. 당신의 분노는 목적을 이루었고, 당신 두 사람은 화해했다.

그러한 애정 어린 대립은 보통 잘못했다는 진정성 있는 고백과 용서를 확장하는 결과를 낳거나, 대화를 통해 그 주제에 새로운 빛을 비추게 된다.

그 사람이 한 말이나 행동이 당신이 생각한 것과 정확하게 동일한 것이 아니었다는 것을 알게 되거나, 당신이 그에게 탓했던 동기가 아니었다는 것을 알게 된다.

어느 경우든, 걱정거리는 사라진다. 문제는 해결되고, 관계는 계속해서 성장한다. 분노는 정당한 목적을 달성했다. 분노로 인해 당신은 문제를 해결하기 위해서 건설적인 행동을 취하게 되었다.

7. "나는 우리 사이에 돈 문제가 없기를 바라요"

대립이 항상 정의로 이어지는 것은 아니지만, 관계 회복으로 이어질 수도 있다. 열심히 일하는 기업가인 닉은 사업에서 어느 정도 성공을 거두었고, 자산 운영 투자를 상당히 많이 했다. 오랜 친구인 제리는 새로운 사업을 시작하는 일에 필요하다고 닉에게 5만 달러를 빌리러 왔다. 닉은 너그럽게 그에게 돈을 빌려주었다. 그들은 각각 제리가 이자 없이 1년 동안 그 돈을 빌릴 수 있고, 후에 전액을 상환하거나 대출금을 재협상할 수 있다는 간단한 대출 약정에 서명했다.

연말이 되자 제리의 사업은 더 이상 버티지 못하고, 5만 달러를 다 써버렸다. 제리는 다른 직업을 얻었지만, 봉급으로는 대출금을 갚기에 충분하지 않았다. 그는 닉에게 앞으로 5년 동안 가능할 때마다 갚겠다고 약속했다. 제리는 대출금을 갚을 만큼 충분히 벌지 못했다. 닉은 좋은 의도를 가지고 있었지만 결코 돈을 받지 못했다. 그는 그냥 포기했지만, 제리에게 화가 나서 견딜 수 없었다.

결국, 닉은 자신의 사업에서 좌절을 겪게 되었고, 실제로 그 5만 달러를 사용할 수도 있었지만 쓸 수가 없었다. 하지만 제리는 돈을 갚을 수 없었다. 많은 기도를 하고, 목사님과 다른 신뢰할 수 있는 상담자들과 이야기한 후, 그는 제리와 대면하고 분노를 나누었다.

제리는 대출금을 갚을 수 없었던 자신의 고통을 표현했다.

"내가 돈이 있으면, 네게 줬을 텐데."

"내가 진짜 돈을 벌면, 네게 줄 거야."

닉은 더 이상 제리에게 그 돈을 기대하지 않기로 결정했다.

그는 제리에게 말했다.

"우리는 오랫동안 친구잖아. 난 우리 사이에 돈이 장벽이 되는 것을 원하지 않아. 혹시라도 네가 대출금을 갚을 수 있다면, 정말 그래 주길 바라. 하지만 못 갚아도 이제는 돈 때문에 너를 더 이상 압박하지 않을 거야."

닉은 상환을 하지 못한 제리를 고소할 수 있지만, 그렇게 하면 제리를 재정적으로 완전히 망쳐버릴 것을 알고 있었다. 고소를 해본들 좋은 목적을 달성하지 못할 것이라고 보고, 그렇게 하지 않기로 결정했다. 그는 자신이 원하는 것보다 덜 받기로 했다. 그와 제리는 여전히 친구이며, 제리는 닉의 태도에 감사하며 언젠가는 옛 친구에게 갚을 수 있기를 진심으로 희망했다.

정의를 추구하지 않기를 선택하는 것이 최선의 대안일 때가 있다. 닉에게 이것은 그의 생각과 느낌으로 제리와 맞선 후에 나온 의도적인 선택이었다. 대립은 그다지 완벽하지 않은 해결책으로 귀결되었다. 그러나 닉은 이제 분노에서 자유로워졌고, 제리와의 관계도 좋아졌다.

물론, 당신은 그 사람이 잘못했다는 것을 알고 있지만, 당신이 맞설 때 그 사람은 잘못을 부인할 가능성이 항상 있다. 이것은 종종 남편이나 아내가 불륜을 저지른 경우에 맞설 때 발생한다. 상대방은 자신을 보호하기 위해 거짓말을 한다. 거짓말 자체가 더 많은 분노를 낳는다. 만약 당신이 사실을 확신한다면, 당신은 그 때 그 사람과 화해할 수 없다는 것을 깨달아야 한다. 죄를 고백하지 않는 것은 사람들과 하나님과의 관계를 파괴한다.

그러면 당신은 다음 단계를 결정해야 한다. 이것은 아마도 목사님, 상담자 또는 신뢰할 수 있는 친구에게 조언을 구하는 것이다. 때로는 적절한 책을 읽는 것일 수 있다. 그것은 분명히 당신이 해야 할 일이 하나님의 인도하심을 위해 기도하는 것임을 뜻한다.

만약 몇 번 더 대립한 후에 그 사람이 자신의 잘못을 다루기를 거부한다면, 당신은 결국 그 사람이 당신과 관계를 지속하지 않기로 선택했다는 것을 인정해야 한다. 우리는 사람들에게 고백하고, 회개하고, 화해하도록 할 수 없다. 우리는 그들을 떠나 보내고, 그들을 위해 기도해야 한다. 애정을 갖고 맞선다고 해서 항상 화해를 할 수는 없지만, 책임 있게 잘못을 다루려고 노력했던 우리 마음에는 분명 평화가 찾아올 것이다.

요약하면, 분노에 대응하는 단계는 다음과 같다.

1단계: 자신이 화가 났다는 것을 의식적으로 스스로 인정하라.
2단계: 즉각적인 반응을 억제하라.
3단계: 분노의 초점을 찾아라.
4단계: 선택지를 분석하라.
5단계: 건설적인 행동을 하라.

이것이 분노를 생산적으로 만드는 길이다. 그리고 이 단계들에 대해 숙고하고 기도하거나, 심지어 마음이 내키면 시간을 내어 일기를 적는 것도 의미 있는 일이다. 또한, [다음 페이지의] 요약 "긴급 처방"에서 이 다섯 단계에 대한 몇 가지 조언을 받을 수 있다.

긴급 처방
당신의 분노를 어떻게 다룰 것인가?

(1) 자신이 화가 났다는 것을 의식적으로 스스로 인정하라

"나는 이것 때문에 화가 났다!

이제 내가 뭘 해야 하지?"

이렇게 크게 말하라. 이런 말은 자신의 분노를 인지하도록 하고, 분노와 취해야 할 행동 모두를 인지하는 데 도움이 된다. 당신의 분노에 이성을 적용할 준비를 하라.

(2) 당신의 즉각적 반응을 억제하라

상투적이지만, 파괴적인 말이나 신체적으로 폭발하거나 그 반대로 체념하거나 침묵하지 말라. 화가 날 때 전형적으로 하게 되는 행동을 하지 마라. 참으면 당신이 의도하지 않거나, 나중에 후회할 말이나 행동을 하지 않게 된다.

(3) 분노의 초점을 찾아라

무슨 말이나 행동이 당신을 화나게 하는가?

상대방이 정말로 당신에게 잘못했다면, 그 사람의 죄를 밝혀라.

상대방이 당신에게 어떻게 잘못을 저질렀는가?

다음으로 얼마나 심각한 잘못인지 결정하라. 어떤 잘못은 가볍고, 어떤 것은 중대하다. 심각함의 정도를 결정하는 것이 당신의 반응에 영향을 미친다.

(4) 선택지를 분석하라

당신 자신에게 자문해 보라.

내가 고려하는 행동이 잘못을 다루고 관계를 돕는 일에 어떤 잠재력을 갖고 있는가?

이것이 내가 화를 내고 있는 상대방에게도 최선의 행동인가?

가장 건설적인 두 가지 선택지는 도움이 되는 방식으로 상대방에게 맞서거나, 의도적으로 문제를 무시하기로 결정하는 것이다.

(5) 건설적인 행동을 하라

'잘못을 무시'하기로 결정했다면, 기도하면서 당신의 분노를 고백하고, 하나님에게 상대방을 맡겨라. 그 다음 당신의 분노를 하나님께 맡겨라. 당신에게 잘못한 사람에게 맞서기로 결정을 했다면, 부드럽게 하라. 어떤 설명이라도 들어라. 이것은 상대방의 행동과 의도에 대해 다른 관점을 갖게 할 수 있다. 상대방이 잘못했다는 것을 인정하고 용서해달라고 하면, 그렇게 하라.

'분노'는
가장 '위험'한 단어이다.

무명

제4장

잘못된 분노

이때쯤 당신은 이렇게 물을 것이다.

"분노가 그렇게 긍정적이라면 왜 그렇게 많은 문제를 일으키는가?"

대답은 에덴동산만큼이나 오래되었다. 아담과 이브, 뱀과 과일나무가 등장하는 창세기 3장의 드라마는 인간 본성을 크게 변화시켰다. 이제는 우리가 하나님의 모든 좋은 선물을 받아서 왜곡시키는 경향을 갖는다. 이성, 성, 사랑, 그 이상의 선물을 모두 비틀어버렸다.

분노도 다르지 않다. 속이는 자는 아직 우리들 가운데 있고, 에덴의 광경은 매일 반복된다. 신성한 분노의 목적을 왜곡하는 것은 사탄의 가장 성공적인 전술적 설계 중 하나이다.

적군은 인간의 분노에 대한 하나님의 의도를 왜곡하기 위해 많은 전략을 사용해 왔다. 가장 강력한 것 중 하나는 우리의 **모든** 분노를 똑 같은 것이라고 생각하게 만드는 것이다.

"내가 부당한 취급을 받았다고 느끼면, 부당한 취급을 받은 것이다."

이러한 착각은 우리가 항상 분노할 권리가 있다는 결론을 내리게 한다.

1. 분명한? 혹은 왜곡된?

그러나 사실 우리의 많은 분노는 왜곡되어 있다. 분노에는 두 가지 종류가 있다. **분명한 분노와 왜곡된 분노이다.** 분명한 분노는 잘못에서 비롯된다. 누군가 우리를 부당하게 대하고, 재산을 훔치고, 우리의 성격에 대해 거짓말을 하거나, 어떤 다른 방법으로 우리에게 잘못을 저질렀을 때 일어나는 분노이다.

이것은 하나님이 경험하는 유일한 종류의 분노다. 이것은 정당한 분노다. 그러나 두 번째 종류의 분노는 정당하지 않다. 이것은 단순한 실망, 이루지 못한 욕망, 좌절된 노력, 나쁜 기분 또는 도덕적 타락과 무관한 그 밖의 여러 가지 일 때문에 생긴다. 그 상황 때문에, 삶이 단지 불편해졌고, 감정적으로 취약한 부분 중 하나를 건드렸으며 또는 극도로 피곤하거나 스트레스를 받을 때 일어난다.

나는 이 감정을 '왜곡된 분노'라고 부른다. 이 감정이 분명한 분노를 경험하는 감정보다 덜 강렬하기 때문이 아니라, 정말 잘못이라 보기 힘든 것에 대한 반응이기 때문이다. 사람들에 대한 분노의 상당 부분이 왜곡된다.

그 사람이 한 짓은 나를 좌절시키고 실망시키고, 아프게 하거나, 당황스럽게 했지만, 실제로 그 사람이 한 일이 잘못은 아니다. 분노 경험은 예전처럼 강렬할지 모르지만, 왜곡된 분노에 대한 나의 반응과 분명한 분노에 대한 나의 반응은 달라야 한다.

2. 용맹한 군인의 이야기

사람들이 분노가 왜곡될 때를 알아채고 긍정적으로 반응할 수 있다는 사실은, 나병을 앓았던 위대한 군사령관이자 용맹한 군인 나아만의 이야기를 통해 잘 드러난다. 이 지휘관은 전쟁 포로가 된 어린 소녀로부터 이스라엘의 어떤 예언자가 나병을 치료할 수 있다는 말을 들었다.

나아만은 즉시 왕에게 가서 어린 소녀가 한 말을 전하고는 이스라엘에 있는 예언자에게 갈 수 있도록 허락해 달라고 부탁했다. 왕은 허락했을 뿐만 아니라, 나아만이 가는 것을 격려했다. 나아만은 금, 은 그리고 다른 선물들을 준비해서 병이 낫기 위해 떠났다. 마침내 먼 길을 지나 예언자의 집으로 통하는 성문에 이르렀는데, 예언자는 문에 나와보지도 않았다.

오히려 나아만에게 전령을 보내어 다음과 같이 말했다.

> 너는 가서 요단 강에 몸을 일곱 번 씻으라 네 살이 회복되어 깨끗하리라 (왕하 5:10).

이때 나아만의 반응은 주목할 만하다.

> 나아만이 노하여 물러가며 이르되 내 생각에는 그가 내게로 나와 서서 그의 하나님 여호와의 이름을 부르고 그의 손을 그 부위 위에 흔들어 나병을 고칠까 하였도다 다메섹 강 아바나와 바르발은 이스라엘 모든 강물보다 낫지 아니하냐 내가 거기서 몸을 씻으면 깨끗하게 되지 아니하랴 하고 몸을 돌려 분노하여 떠나니 (왕하 5:11-12).

분명히, 나아만은 화가 났다. 혈압이 올랐다. 버럭 화를 냈다. 그의 발은 메마른 땅을 밟고 있다. 그의 분노는 바로 격렬해졌다. 그 자신이 보기에 논리적인 것처럼 보이는 생각이 마음속에 맴돌았다.

'얼마나 터무니없고, 얼마나 어리석은지, 정중함이라고는 모르는가?

내가 그에게 그의 신의 힘을 보여 줄 기회를 주고 있는데, 그는 내게 진흙투성이의 요단강으로 가서 씻으라고 말한다. 말도 안 되는군.'

나아만이 생각하기에 예언자 엘리사는 자신에게 잘못을 저질렀다. 그는 화를 낼 만하다. 하지만 예언자는 실제로 그에게 나병 치료법을 알려 주었다.

엘리사가 그에게 큰 은혜를 베풀었으나, 나아만의 생각이 왜곡되었기 때문에 그는 예언자에게 분노를 느끼고 있다. 분노에 차서 그는 고국으로 돌아갈 준비를 한다. 그의 계획은 실패했을 뿐 아니라, 매우 난감하게 되었다. 다행히 그와 함께 여행하는 자들 중에 생각을 제대로 하는 사람들이 몇 명 있었다.

신하들이 그에게 가서 말했다.

> 그의 종들이 나아와서 말하여 이르되 내 아버지여 선지자가 당신에게 큰 일을 행하라 말하였더면 행하지 아니하였으리이까 하물며 당신에게 이르기를 씻어 깨끗하게 하라 함이리이까 하니 나아만이 이에 내려가서 하나님의 사람의 말대로 요단강에 일곱 번 몸을 잠그니 그의 살이 어린 아이의 살 같이 회복되어 깨끗하게 되었더라 나아만이 모든 군대와 함께 하나님의 사람에게로 도로 와서 그의 앞에 서서 이르되 내가 이제 이스라엘 외에는 온 천하에 신이 없는 줄을 아나이다 청하건대 당신의 종에게서 예물을 받으소서 하니 (왕하 5:13-15).

엘리사는 그의 선물을 거절했지만 하나님의 치유의 능력을 확인하였다. 나아만은 강렬한 왜곡된 분노를 경험했지만 반대에 부딪히자 분노를 멈추고, 이성에 귀를 기울여서 분노에 찬 행동을 하지 않게 되었다.

그 결과, 이 지도자는 병이 낫게 되었고, 아까 화를 냈던 사람에게 돌이켜 존경을 표했다. 나아만은 왜곡된 분노가 우리의 행동을 지배하고, 파괴적인 행동으로 이어질 필요가 없다는 것을 증명한다.

이 성경 구절은 우리에게 왜곡된 분노를 어떻게 대응해야 하는지에 대한 긍정적인 사례를 제공한다.

이것은 두 가지 의문을 제기한다.

첫째, 분노가 왜곡되었을 때 우리는 어떻게 식별할 것인가?

둘째, 왜곡된 분노를 어떻게 다룰 것인가?

대답하기 더 쉬운 첫 번째 질문을 여기서 살펴보자. 왜곡된 분노를 다루는 일은 더 어려운 일이며 다음 장에서 답할 것이다.

3. 잘못인가? 아닌가?

왜곡된 분노는 한 가지 근본적인 면에서 분명한 분노와 다르다. 분명한 분노에는 언제나 잘못된 행동이 있다. 분노는 이 잘못에 대한 반응이다. 왜곡된 분노란, **인지된** 잘못 때문에 발생한다. 하지만 잘못이라고 주장하는 것은 오직 당신의 인식일 뿐이며, 진짜 잘못은 아니다.

예를 들어 당신이 길을 걸어가는데, 한 십 대 소년이 더 어리고 더 작은 소년에게 다가가서, 그의 손에서 자전거를 낚아채서 거리를 달려가는 것을 보게 된다. 그 어린 소년은 비명을 지르고 있다.

"저건 내 자전거야! 저건 내 자전거야! 쟤가 내 자전거를 훔쳤어!"

즉시 당신은 분노를 경험한다. 감정이 격해지고, 심박수가 빨라지고, 정신없이 생각을 하게 된다. 어린 아이를 괴롭힌다는 바로 그 생각이다.

'이건 옳지 않아. 뭔가 해야 해.'

만약 당신이 인지하는 바가 사실이라면, 당신의 분노는 분명한 분노다.

하지만 추가 조사를 통해, 당신은 그 자전거가 실제로 큰 소년의 것이라는 것을 알아냈다고 가정해 보자.

작은 소년은 자전거의 주인이 없는 것을 보고, 타고 가려했고, 큰 소년이 그것을 보고, 어린 소년이 가버리기 전에 자전거를 되찾으려 했을 뿐이었다. 큰 소년에 대한 당신의 분노는 그가 잘못한 것이 없다는 점에서 왜곡되어 있다. 사실 큰 소년은 어린 소년이 저지른 잘못을 바로잡고 있었다. 왜곡된 분노는 잘못에 대한 인식에 입각한 반면, 분명한 분노는 진짜 잘못된 것에 입각한다.

만약 우리가 모든 분노를 분명한 것으로 취급한다면, 판단할 때 심각한 실수를 범할 수 있다. 위의 예시에서 당신의 분노가 분명하다고 가정한다면, 당신은 십 대를 쫓아가서 자전거에서 그를 끌어내려 때려주고, 자전거를 어린 아이에게 돌려 줄 것이다. 나중에야 비로소 심각한 실수를 저질렀음을 깨닫게 될 것이다.

왜곡된 분노를 이해하기 위해서는 우리의 기본 패러다임으로 돌아가야 한다. 모든 분노에는 다음과 같이 진행된다.

첫째, 분노를 유발하는 사건이 일어난다.
둘째, 그 사건에 대해 해석한다.
셋째, 분노의 감정이 고조된다.

체내에서 생리적 변화가 일어나며, 우리는 행동할 준비가 되어 있다. 이 모든 것은 그 분노가 분명한 것이든 왜곡되었든 간에 일어난다. 그러나 만약 우리가 분노에 대해 현명한 반응을 보이려면, 먼저 그 분노가 실제의 잘못에 근거하는 것인지를 분별해야 한다. 이것은 시간과 생각을 필요로 한다.

앞 장에서 살펴보았던 분노를 다루는 두 번째 단계를 기억하는가?

즉각적인 반응을 억제하라. 질문을 해야 하고, 분노를 긍정적으로 다루기 위해서는 증거를 살펴 보아야만 한다. 당신은 반드시 당신 자신에게 그리고 때로는 다른 사람에게 물어보아야 한다.

위의 예시에서, 당신은 어린 아이에게 달려가서 좋게 물어보아야 했다.

> 분노의 대부분은 수년에 걸친 내적 감정과 생각에서 생겨난다.

"저게 네 자전거니?"

그는 아마 "아뇨, 잠깐 빌려 타려고요"라고 말했을 것이다. 당신은 그일이 당신이 인식하는 것과 결코 같지 않다는 것을 바로 알게 된다. 단지한 가지 새로운 정보만으로 당신의 분노는 이미 가라앉기 시작한다. 질문을 통해 알게 된 정보로, 당신은 큰 소년에게 어떠한 조치도 할 필요가 없다고 결정할 수 있고, 당신은 결국 어린 소년에게 허락 없이 자전거를 타지 말라고 잔소리를 할 수도 있다.

이것은 당신이 처음에 분노를 분명한 것이라고 가정할 때 취할 행동과는 매우 다른 것이다(물론 두 소년이 서로 다른 이야기를 한다면, 행동을 취하기 어렵다. 한 사람이 거짓말을 하고 있다고 생각할 수 있다. 해결책은 아이들 중 한 명과 같이 집에 가서, 그 아이의 부모와 대화하는 것일지도 모른다).

분노의 타당성을 결정하는 데는 두 가지 질문이 중요하다.

첫째, 무엇이 잘못되었는가?
둘째, 내가 모든 사실을 제대로 알고 있다고 확신하는가?

첫 번째 질문은 문제의 핵심을 찌른다.

만약 상대방이 진짜 잘못을 저질렀다면, 당신의 분노는 분명한 것이다. 그러나 만약 당신의 분노가 내면의 어떤 비현실적인 기대에서 생겨났다면, 그것은 왜곡된 분노로 다뤄야만 한다. 우리 분노의 대부분은 수년에 걸친 내적 감정과 사고 방식에서 비롯된다. 예를 들어 완벽주의적인 경향이 있는 사람은 자신뿐만 아니라 주변의 다른 사람들에게도 높은 기대를 갖게 될 것이다. 사람들이 이러한 기대에 부응하지 못할 때 화를 낸다.

그런 분노는 그 사람이 잘못한 것이 없기 때문에, 왜곡된 분노일 때가 많다.

질은 엄청난 완벽주의자이다. 그녀의 서랍을 열어 보면 옷들이 모두 가지런히 정리되어 있고, 색깔이 잘 조화를 이루고 있는 것을 볼 수 있다. 그녀의 옷장 역시 정돈되어 있다. 이런 깔끔함과 완벽함은 그녀의 삶의 모든 면에 나타난다. 그녀는 제프와 결혼했다.

그는 매우 창의적이지만 깔끔함과 정돈과는 거리가 멀었다. 질은 옷장 구석에 처박혀 있는 제프의 지저분한 옷을 볼 때, 그가 두 주 전에 끝낸 보고서를 어디에 두었는지 몰라서 찾는 것을 볼 때, 또 차를 산 이래 한 번도 세차를 안 한 그의 차를 타게 될 때, 자주 화를 내게 된다.

하지만 제프는 잘못한 것이 없다. 제프는 자신이 배운 대로 사는 사람이다. 그는 질과 같은 깔끔함이나 정돈에 대한 내적인 강박관념이 없다. 나는 질의 분노가 진짜가 아니라고 말하려는 것이 아니다.

이것 역시 분명한 분노와 같은 감정적, 육체적, 인지적 측면이 있다. 그녀는 정말로 화가 났다. 그녀는 정말로 제프가 깔끔하지 못한 것이 잘못이라고 믿는다. 그러나 그녀가 사실을 직시한다면, 수천 명의 사람들이 제프와 같은 성격적 특징을 갖고 있고, 이러한 특징은 악이 아니라는 점을 알게 될 것이다.

질의 분노 역시 긍정적인 방식으로 처리되어야 하지만(다음 장 참조), 자신의 분노가 무엇에 대한 것인지 그녀가 볼 수 있다면 도움이 될 것이다. 그녀의 분노는 제프의 잘못에서 비롯된 것이 아니라, 깔끔함과 정돈에 대한 자신의 강박에서 비롯된 것이다. 만약 그녀가 자신의 분노를 왜곡된 분노로 인정한다면, 이 문제를 긍정적인 방법으로 다룰 가능성이 훨씬 더 높아진다.

때때로 우리의 분노를 살펴보다 보면, 우리가 화를 내고 있는 상대방에게 질문을 갖게 된다. 우리가 모든 사실을 알고 있는 것이 아니라는 점을 안다면, 잘못된 결론에 도달하기 전에 사실을 찾아야만 한다.

우리가 분노를 찬찬히 살펴보기 시작하면, 대부분이 왜곡된 분노의 범주에 속한다는 것을 알게 될 것이다. 왜곡된 분노는 분명한 분노 못지 않게 골칫거리지만, 다른 방법으로 다룰 필요가 있다. 제5장에서 우리는 왜곡된 분노를 어떻게 다루어야 할지 생각해 볼 것이다.

긴급 처방

'좋은' 분노 VS. '나쁜' 분노

(1) '좋은'(분명한) 분노
정의 : 모든 종류의 진짜 잘못에 대한 분노 – 학대, 부정, 율법 위반

촉매 : 율법 혹은 도덕법 위반

인식 방법 : 잘못이 저질러졌는가?

　　　　　　 내가 모든 사실을 알고 있는가?

　　　　　　 이 질문에 '네'라고 대답한다면 할 일은 다음과 같다.

할 일 : 상대방에게 맞서거나, 잘못을 넘어가기로 결정(3장, 4단계 참조)

(2) '나쁜'(왜곡된) 분노
정의 : 잘못이 없는데, 인지된 잘못에 대한 분노

촉매 : 우리에게 상처를 준 사람들 – 스트레스, 피로, 비현실적 기대

인식 방법 : 좌절감이나 실망감이 분노를 채운다.

할 일 : 화를 가라앉히고, 당신의 분노를 다룰 정보를 수집하라.

1분 화를 내면,
행복을 60초 잃게 된다.

랄프 왈도 에머슨(Ralph Waldo Emerson)

제5장

'나쁜' 분노 다루기

린은 씩씩거리고 있다. 그녀의 딸인 에밀리는 대학에서 C 학점, 심지어 D 학점도 받았다. 전화 통화를 하는 동안, 린은 소리를 안 지르려고 입술을 깨물었다.

"하지만 아빠랑 엄마는 너를 정말 훌륭한 기독교 대학에 보냈잖아. 난 대학을 사랑했단다. 나도 네가 듣는 수업 몇 개를 듣고 싶구나.

너, 우리가 얼마나 돈을 내는지는 알고 있니?"

린은 에밀리의 나쁜 성적 때문에 거의 얼굴을 얻어 맞는 기분이 들었다. 하지만 그녀의 분노는 왜곡되었다. **인지된** 부정의에 기초한 것이다. 이 경우에, 린의 기대가 에밀리에 대한 분노를 부채질하였다.

우리들 중 많은 사람은 분노를 돋구는 이러한 잘못된 인지와 씨름한다. 왜곡된 분노는 정황 증거, 잘못된 추정, 일반화, 기대나 개인적 선호, 심지어 명백한 피로 그리고 때로는 이것들이 합쳐져서 촉발된다. 원인이 무엇이든 우리는 부당한 일을 당했다고 잘못 결론을 내린다. 우리는 타당하지 않은 이유로 확실한 분노를 품는다. 이것은 잘못된, 왜곡된 분노다.

우리는 왜곡된 분노는 잘못된 것이라고 강조해 왔다. 그것은 아담과 이브의 타락의 직접적인 결과물이며 이기적이고 심지어 교만하기까지 한 우리의 본성에서 비롯되는 것이다. 그러나 이런 생각은 우리가 분노를 경험할 때, 그 감정을 벗어나게 할 수 없다.

그렇다면 우리는 어떻게 그러한 분노를 해결할 것인가?

그리고 그것을 어떻게 좋은 쪽으로 돌릴 것인가?

1. "나는 네 도움이 필요해" : 정보 공유

우리는 상대방에게 우리의 관심사를 말하는 것에서 시작해야 한다. 이 것은 판단하지 않는 방식으로 이루어져야 한다. 그래서 나는 그것을 '정 보 공유'라고 부른다. 우리는 판결을 주고받는 것이 아니다.

"넌 나를 실망시켰어. 너 때문에 좌절했어. 넌 약속했던 것을 하지 않 았어."

이 모든 것은 분쟁을 촉발하는 경향이 있는, 비난하고 판단하는 발언이 다. 이와는 대조적으로 다음과 같은 언어는 정보에 대한 진술이다.

"나는 좌절하고 있어(실망하고, 상처받거나, 화가 나거나 또는 다른 감정들). 그리고 나는 네 도움이 필요해."

이것은 상대방에게 당신의 내면에 무슨 일이 일어나고 있는지 말해 주 고, 말할 기회를 요구하고 있는 것이다.

판단보다는 정보를 공유하는 것이 왜곡된 분노를 다루는 첫걸음이다. 정보를 공유함으로써, 당신은 상대방에게 당신의 감정, 생각 그리고 우려 를 인식시키는 데 초점을 맞추게 된다. 당신은 그 사람이 아니라 자신의 감정을 자극한 사건에 집중하게 된다.

그 사람이 당신에게 잘못한 것이 아니라는 것을 처음부터 알았다면, 당 신이 이럴 수 있을 가능성은 더 높다. 그는 당신의 삶을 힘들게 했을지 모 른다. 그가 당신에게 좌절감을 안겨 주었을지 모르지만, 부도덕한 행위를 한 것은 아니다.

2. "무슨 일이 일어났는가?" : 정보 수집

앞 장에서 어떤 경우에는 우리가 모든 사실을 알고 있지 않다는 것을 인식하게 되는 점에 주목했다. 그러므로 우리의 분노가 분명한 것인지 아닌지를 결정하는 것은 어렵다.

메러디스와 제이슨은 저녁을 간단히 먹고, 그녀는 저녁 수업에 참석하기 위해 급하게 문을 나선다. 세 시간 후 그녀는 집에 돌아와서, 제이슨이 소파에 앉아 영화를 보고 있고, 지저분한 접시는 자기가 떠날 때 모습 그대로 식탁 위에 놓여있는 것을 보게 된다. 메러디스는 '위험한 공격'에 들어간다. 여러 생각이 들었다.

'믿을 수가 없군. 내가 수업시간에 열심히 공부하는 동안, 멍청한 영화를 몇 시간이나 보고 있고, 쓰레기를 그대로 두다니. 지금쯤 개미들이 접시를 핥고 있겠군. 들어가서 텔레비전을 발로 차고 싶어.'

메러디스에게는 몇 가지 선택권이 있다. 그녀는 자신의 분노가 정당하며, 남편은 쓸모 없고 지저분한 게으름뱅이라고 결론을 내리고, 그에게 심한 말로 대응할 수 있다.

아니면 그녀는 조용히 물러나서, 그날 저녁 늦게 그가 성적 친밀감을 보이려고 할 때 반응을 하지 않을 수도 또는 좀더 책임감 있는 태도로 자신의 분노를 다루려고 할 수도 있다. 만약 그녀가 분명한 분노와 왜곡된 분노의 차이를 이해한다면, 다음과 같은 질문으로 시작할 수 있다.

"그가 어떤 잘못을 저질렀지?"

그녀는 마음속으로 열심히 그의 행동(혹은 게으름)을 죄악으로 보려고 할지도 모른다. 죄악으로 보는 것에 성공한다면, 그의 죄는 그녀를 사랑하지 않는 것에 있다고 결론지을지도 모른다.

'결국, 남편은 그리스도가 교회를 사랑한 것처럼 아내를 사랑해야 되는 것 아닌가?

글쎄, 이건 확실히 사랑의 표현은 아니지.'

그녀가 지혜롭다면, 자신에게도 물어볼 것이다.

'내가 모든 사실을 알고 있는가?'

만약 그녀가 이런 질문을 할 만큼 지혜롭다면, 아마도 대답은 "아니오"라고 지혜롭게 결론내릴 것이다. 그녀가 모든 사실을 알고 있는 것은 아니다. 그러므로, 중요한 단계는 무슨 일이 일어났고 왜 일어났는지에 대한 정보를 제이슨으로부터 얻는 것이다.

메러디스는 소파에 걸어가 앉아 제이슨에게 키스를 하고 다음과 같이 말한다.

"당신에게 한 번 더 키스를 하기 전에 한 가지 물어볼게 있어.

왜 더러운 접시가 아직도 식탁 위에 있어?"

제이슨이 대답한다.

"아! 자기야, 미안해. 여기 앉아서 영화를 보고 있었어. 끝나면 치우려고 했는데, 눈 떠보니 당신이 문을 열고 있네. 얼마나 잤는지 모르겠어. 영화 속에서 폭발이 계속 있었는데도 잠을 자버렸네. 분명 두 시간이나 잤던 것 같네. 내가 설거지를 할게. 미안해. 완전히 기진맥진했나봐."

그는 서서 기지개를 켜고 부엌으로 가서 치우기 시작한다.

제이슨이 식탁을 정리하지 않은 것이 죄악이 아니라는 것을 깨닫는다면, 메러디스의 분노는 가라앉기 시작할 것이다. 소파에서 두 시간 동안 자는 것은 부도덕한 것이 아니다.

그것은 단지 한 사람의 인간다움을 보여 주는 것이다. 정보를 수집함으로써 메러디스는 화를 풀 수 있었고 제이슨이 잠을 좀 더 잘 수 있었다는 사실에 기뻐할 수도 있었다.

상황 인식이 왜곡되어 있음을 깨달았을 때, 우리는 그 왜곡된 분노를 풀어 주고 배우자를 인간적으로 받아들일 수 있다.

3. "이것이 진짜 나를 괴롭혀" : 이해 협상하기

때때로 분노가 왜곡되었을 때조차도, 우리는 분노를 쉽게 풀어 버리고 상대방이 한 일을 받아들일 수 없다.

종종 우리는 이해를 구할 필요가 있다. 상대방이 도덕적으로 아무 잘못도 하지 않았을 때도, 그들의 행동은 여전히 고통을 주기 때문이다. 당신은 여전히 실망하고, 좌절하고, 상처를 받고, 분노를 느낀다. 당신은 그 사람의 행동을 이해할 필요가 있고, 상대방은 당신의 감정을 이해할 필요가 있다.

이것은 단정짓지 않는 분위기에서 열린 대화를 필요로 한다. 상대방이 도덕적으로 잘못하지 않았다는 것을 이해하면, 당신은 비난을 하지 않고 그들에게 접근할 수 있다.

리타와 더그는 30대 후반이다. 그들은 둘 다 성취감을 주는 직업을 가지고 있다. 그러나 리타는 지난 6개월 동안 더그에 대한 분노 때문에 고군분투하고 있다.

> 어떤 이의 행동이 도덕적으로는 아무런 잘못이 아닐지라도, 고통을 줄 수 있다.

그는 갑자기 건강에 신경을 쓰고 있었다. 저녁 식사 후 일주일에 세 번 저녁이면 동네 체육관에 가서 운동을 하고, 그녀에게 집안일과 아이들을 맡긴다.

그는 늦게 집에 와서 같이 텔레비전을 보길 원하며, "사랑을 하자"고 말한다. 그녀는 화가 치밀어 오르고 있다. 그녀는 일주일에 세 번 저녁에 아이들의 숙제를 도와야 할 책임을 그가 소홀히 하고 있다고 느낀다. 리타의 분노는 날로 커지고 있다. 그녀는 금방이라도 폭발할 것 같은 기분이다. 더그는 행복해 보이지만, 그녀는 극도로 불행하다.

리타가 상담센터에서 분노를 표현했을 때, 우리는 그녀의 분노를 촉발시킨 더그의 구체적인 행동을 파악해 보는 것으로 상담을 시작했다.

우리는 다음과 같은 목록을 작성했다.

첫째, 더그가 즐기러 가는 동안 내게 집안일을 맡기는 것은 부당하다.

둘째, 그는 일주일에 세 번 저녁에 숙제를 도와주지 않고, 아이들을 소홀히 하고 있다.

셋째, 그가 내 요구를 들어 주는 데 거의 관심을 보이지 않는다는 점에서 자기 중심적이다. 사실, 내가 무엇을 필요로 하는지를 그가 이해하는지조차 모르겠다.

우리는 그녀의 요구를 살펴보았을 때, 남편에게 정말로 사랑받는다는 것을 느끼는 방식 즉 그녀의 주된 사랑의 언어는 소중한 시간(quality time)이라는 것을 알게 되었다. 그녀가 더그에게 진정으로 원하는 것은 함께 하는 시간이었다. "우리는 많은 이야기를 나누곤 했어요"라고 그녀는 말했다.

"나는 그와 친밀하다고 느꼈고, 그가 보살펴준다고 느꼈어요. 그런데 이제 그가 일주일에 삼 일 저녁을 나가버리니, 우리는 이야기할 시간조차 없어요. 그가 나랑 같이 있고 싶어하지 않나 하는 생각이 들기 시작했어요."

다음으로 우리는 그녀를 분노하게 만든 세 가지 사실이 왜곡되었는지를 판단하는 쪽으로 주의를 돌렸다. 우리는 그가 일주일에 삼 일 저녁을 더러운 접시를 남겨두고 가는 것을 보았다.

나는 물었고, 그녀는 답했다.

"그가 무슨 잘못을 저지르고 있느냐?"

"난 그저 그 사람이 나를 버려두고, 나가는 것은 불공평하다고 느낄 뿐이에요. 우리 둘 다 집 밖에서 일하고 있어요. 나도 그 사람만큼 열심히 일하고 있어요."

"남편이 다른 방법으로 집안일을 돕나요?"

"네, 사실 남편은 집안일을 많이 해요. 마당과 모든 바깥일을 돌보고 있어요. 또 청소기도 돌려요. 그리고 내가 부탁하는 일이라면 뭐든지 협력해서 도와주고 있어요."

그리고 나서 우리는 아이들의 숙제 문제로 눈을 돌렸다.

나는 물었고, 그녀는 답했다.

"더그가 체육관에 가지 않는 이틀 밤, 아이들의 숙제를 도와주고 있나요?"

"네, 그는 늘 그래왔어요. 사실, 매일 밤 애들을 도와주곤 했어요. 여전히 애들이 힘들어 하는 것이 있으면 체육관에서 집으로 돌아와서 좀 도와주고 있어요. 하지만 예전 같지 않아요."

"매주 삼 일 저녁 더그가 체육관에 가기 전에는 생활이 어땠나요?"

"애들이 학교에서 방과후 활동을 하지 않으면 같이 식사를 하곤 했어요. 그냥 간단히 먹었어요. 항상 설거지를 도와 주곤 했고요. 그리고 나서 30분 정도 앉아서 이야기를 나누곤 했지요. 그는 아이들의 숙제를 도와주고, 나는 다른 집안일들을 했어요. 정말 좋았어요. 나는 남편과 친밀하다고 느꼈어요. 우리는 한 가족 같았어요. 지금은 우리가 여전히 한 가족인 것 같지만, 남편이 매 주 삼 일 밤 우리를 버리고 있어요."

내가 그녀의 남편이 체육관에 다니는 것에 대해 그녀가 느끼는 바를 알고 있느냐고 물었을 때, 그녀는 그렇지 않은 것 같다고 했다. 하지만 그녀는 덧붙였다.

"그가 나를 등한시하고, 우리는 점점 멀어지고 있는 것 같아요. 그는 단지 무슨 일이 일어나고 있는지 깨닫지 못하고 있어요."

내가 리타에게 더 물어보자, 더그가 직장에서 피트니스 비디오를 본 후 체육관에 가기 시작했고, 그의 직장 동료가 같이 운동을 하자고 했다고 설명했다. 그녀는 이렇게 말했다.

"남편이 건강 관리를 해서 기뻐요. 틀림없이 기분이 나아질 거에요. 나도 운동을 해야 할 것 같아요. 하지만 시간이 없어요. 남편도 시간이 없다고 봐요. 그런데 그는 시간을 만들었죠. 하지만 내가 볼 때, 그건 우리를 희생시키는 거에요."

내가 볼 때, 더그의 행동은 부도덕한 범주에 속하지 않는 것이 분명해 보였다. 그가 하고 있는 일은 본질적으로 잘못된 것이 아니었다.

그러나 리타는 너무 오랫동안 분노를 참았다. 그녀는 이해를 구할 필요가 있었다. 그녀는 더그와 자신의 내면에 일어나는 일, 즉 그녀의 생각, 감정, 좌절 등을 비난적인 태도가 아니라 정보로 공유할 필요가 있었다.

그리고 그녀는 더그로부터 그가 어떻게 이런 것들을 인지하는지를 알아내야 했다. 그녀는 정보를 얻을 필요가 있었다. 그러나 그 이상으로 이 부부는 이해의 장으로 나와서 모든 요구를 만족시킬 수 있는 방법을 찾고, 감정적으로 서로 다시 연결할 수 있도록 해야 했다.

나는 리타에게 이야기할 시간을 달라고 더그에게 말하라고 했고, 다음과 같은 말로 시작하라고 제안했다.

"난 당신이 날 사랑하고, 좋은 남편이라는 것을 알고 있어요. 내가 당신과 나누고 싶은 것은 결코 당신을 깎아내리려는 게 아니에요. 하지만 난 우리의 관계가 열려있고 진실하기를 원해요. 그리고 내가 고민하는 것을 조금이나마 당신과 나눠야만 한다고 느껴요. 지난 몇 달 동안, 난 때때로 상처받고, 실망하고, 무시당한다고 느꼈어요. 이중 많은 것은 당신이 일주일에 세 번 저녁에 체육관에 가는 것 때문이에요.

건강을 유지하려는 당신의 노력을 반대하는게 아니라는 것을 이해해 주세요. 그걸 바꾸라는 것도 아니고. 난 단지 내가 고민하는 것을 당신과 나누고 싶어요. 내가 문제 삼는 것은 구체적으로 세 개에요.

첫째, 당신이 아이들의 숙제를 도와주는 문제를 소홀히 여기는 것 같아요. 당신이 여전히 밤에 아이들을 도와주는 걸 알지만, 난 아이들이 필요한 모든 도움을 받지 못하는 것을 걱정하고 있어요.

둘째, 난 당신이 일주일에 삼 일 저녁 식탁에서 먼저 일어나서 설거지를 떠맡기는 것은 부당하다고 느껴요.

셋째, 아마도 가장 큰 고민은 무시한다는 느낌일 거에요. 우리가 예전처럼 대화할 시간이 없다는 거에요. 때로는 당신이 나랑 이야기하고 싶지

않다는 느낌마저 들기도 하고, 우리 사이에 거리감이 많이 느껴지기도
해요. 당신의 도움과 이해가 필요하기 때문에 이 일을 말하지 않는 것이
불공평하다고 느꼈어요."

나는 리타가 이해를 구하면서 그
녀의 고민을 비난조가 아닌 방식으
로 나누는 걸 도우려 했다. 이것은
왜곡된 분노를 인식하고, 정보를 얻
고, 이해를 구할 필요가 있는 사람들
에게 내가 권하는 것이다. 당신이 이
해받고 싶다는걸 위협적이지 않은
방식으로 표현하라.

> 대부분의 남편은 아내가 먼저 사
> 랑을 확인해 주고, 남편이 최고로
> 잘 생겨보이기를 원했을 뿐이라
> 고 말한다면, 토요일에 마트를 가
> 기 전에 면도를 하라는 아내의 요
> 구에 긍정적으로 답할 것이다.

그 다음에 나는 리타가 더그의 대답을 듣도록 격려했다. 그가 한 말에 맞서
는 것이 아니라, 오히려 이해하려고 하라는 것이다. 그런 다음, 그들은 함께
그와 보내는 소중한 시간에 대한 그녀의 필요, 신체적인 건강에 대한 그의 필
요, 숙제에 도움을 받아야하는 아이들의 필요 그리고 가정을 공평하게 책임
져야한다는 그녀의 필요를 충족시킬 수 있는 방법을 찾을 수 있다.

한 달 후에 리타가 돌아왔고, 더그가 긍정적인 반응을 보였다는 소식을
듣고 나는 감격했다. 그들의 대화에서, 그는 그녀에 대한 사랑을 확인해
주었다. 아이들에게 숙제에 도움을 충분히 받고 있다고 느끼는지 물어보
고, 만약 그렇지 않다면, 그는 기꺼이 조정을 하기로 동의했다.

그는 체육관에 가기 전에 식탁을 치우는 것을 도와주기로 흔쾌히 동의
했다. 그는 이것이 그녀에게 문제가 된다는 것을 깨닫지 못했다.

그는 두 사람을 위해 시간을 내기로 동의했다. 사실 지난 몇 주 동안
그들은 일주일에 두 번 점심을 같이 먹었고, 두 사람만을 위한 주말 휴
가를 보냈다. 필요하다면, 그는 체육관에서 보내는 시간을 줄일 용의가
있었다.

하지만 리타는 자신의 관심사에 보이는 더그의 긍정적인 반응을 보고 나서 그렇게 할지 망설이게 되었다.

이해 구하기는 인간관계에서 중요한 부분이다. 그 관계가 가족, 교회, 직업 또는 다른 어떤 영역에 있는지 그렇다. 우리 모두는 이해를 구할 때 관계를 더 좋게 느낀다. 심지어 왜곡된 분노도 무언가 관심이 필요하다는 것을 보여 주는 것이다. 그러한 분노는 당사자들 사이의 공개적이고 애정 어린 의사소통 없이는 좀처럼 사라지지 않는다.

4. 변화 요구하기

모든 인간관계에서 사람들은 어떤 행동적 특성이 화나게 만드는 것을 발견할 것이다. 비록 특정 행동은 다르다 할지라도, 그 결과로 생기는 짜증은 종종 우리 내부의 분노를 유발한다. 대부분, 이 분노는 상대방의 행동이 도덕적으로 잘못된 것이 아니라는 점에서 왜곡된다. 상대방은 우리에게 악을 행하지 않았다. 만약 그 관계가 가까운 관계이고, 그 사람이 가족이나 직장처럼 많은 시간을 보내는 자라면, 변화를 요구함으로써 이러한 짜증을 덜 낼 수 있는 방법을 모색하는 것이 때때로 도움이 된다. 내가 요구하거나 조종하려는 것이 아니라, **요청한다**고 말하는 것에 주목하라. 우리 중 누구도 요구나 조종하는 방식에 반응하지 않는다.

그러나 일반적으로 긍정적인 관계라면, 우리 대부분은 요청에 잘 반응하는 편이다. 예를 들어 직장에서 분노를 일으키는 자극이 있다고 하자. 옆 사무실에 있는 동료가 당신이 고객과 대화를 하는 동안 커피를 후루룩 소리를 내며 마시고 있다. 당신은 문을 통해 그 소리를 듣고 정말 불쾌해진다. 그녀가 동료로서 소중하다는 것을 확인한 다음, 당신이 고객을 만나는 동안 커피를 마시지 말 것을 부탁하거나, 조용히 커피를 마실 것을 부탁하는 것은 지극히 적절한 일이다.

간단한 부탁으로 좌절과 화근을 덜 수 있고, 특히 당신이 그녀의 요구에 대해서도 열려있다는 것을 분명히 한다면 더욱 그럴 수 있을 가능성이 높다.

결혼과 가족관계에도 같은 원칙이 적용된다. 상당히 좋은 관계를 가정하면, 대부분의 남편은 먼저 아내가 사랑을 확인해 주고, 남편이 최고로 잘 생겨보이기를 원했을 뿐이라고 말한다면, 토요일에 마트를 가기 전에 면도를 하라는 아내의 요구에 응할 것이다. 남편이 그녀에 대해 몇 가지 긍정적인 특징을 언급하고, 그녀가 한 다른 모든 일에 감사를 표시한 후에 요청을 하면, 대부분의 아내는 화장대를 어지럽히지 말고, 화장대 서랍에 세면도구를 넣어두라는 요구에 응할 것이다.

최종 결과는 대부분의 관계에서 상대방으로부터 사랑받고 존경 받는다고 느낄 때, 요구가 아닌 요청의 형태로 표현한다면 우리는 대부분 기꺼이 변하고자 할 것이다. 그러한 요청과 이후의 변화는 분노를 자극하는 많은 짜증나는 행동을 완화시킬 수 있다.

나는 왜곡된 분노를 다루는 것이 분명한 분노를 다루는 것보다 훨씬 쉽다고 본다. 둘 다 파괴적인 처리 방법보다는 건설적인 방법을 찾는 것이 우리의 목표다.

긴급 처방
'나쁜' 분노 다루기

(1) 정보를 공유하라

상대방에게 당신의 걱정을 말하고 그것에 대해 이야기해달라고 하라. 상대방보다는 당신의 감정을 촉발시킨 상황에 초점을 확실히 맞추라.

(2) 정보를 수집하라

무엇이 사실인가?

(3) 이해를 협상하라

당신이 고군분투하는 것을 표현하고, 그런 다음 상대방의 반응을 들어라. 정직하라.

(4) 변화를 요청하라

변화를 요구하거나 조종하려 하지 않는 한, 이것은 긍정적인 결과를 가져올 수 있다.

억압된 분노는 가장 잔인한 말만큼이나
확실하게 관계를 해칠 수 있다.

조이스 브라더스 박사(Dr. Joyce Brothers)

제6장

외적 폭발과 내적 폭발

도시가스관의 붕괴로 촉발된 불꽃이 위로 치솟았다. 민간 계약자가 땅을 정지하던 중 가스관을 절단하다가 그 관이 터졌다. 처음에는 가압가스가 쉿쉿 소리를 내며 쏟아져 나왔다. 그런데 30분도 지나지 않아 어디선가 날아든 불씨가 천연가스에 붙었고 불길이 하늘로 치솟았다.

불과 몇 분 안에 불기둥이 5층 높이로 치솟았다. 노인들이 거주하는 시카고 공공 주택이 겨우 몇 야드 떨어진 곳에 있었다. 다행히 경찰과 다른 이들이 노인들을 건물 밖으로 대피시켰다. 그러나 가스회사가 결국 가스관의 연료를 차단하자, 집이 소실되거나 타버린 많은 사람은 다른 곳으로 옮겨 가야 했다.

두 달 후, 또다른 폭발 때문에 시카고 주민들은 살던 곳을 떠나게 되었다. 하지만 이번 폭발은 계획된 것이었다. 철거업체가 설치한 다이너마이트가 잇따라 터졌고, 다른 공공주택에 인접한 건물 네 채가 하나씩 차례로 땅바닥으로 허물어졌고, 거대한 먼지 구름을 일으켰다.

그러나 이 '폭발'은 실제로 건물 자재가 내부에서 무너져 내리는 **내파**였다. 범죄가 만연하고 황폐한 주택지구를 새로운 저층 개발로 대체하기 위해서 진행중인 프로젝트의 일환으로 몇 달에 걸쳐 허무는 것이 계획되어 있었다. 실제로 이전에 살던 주민들과 다른 구경꾼들은 안전한 거리에 떨어져서 지켜보며, 일부는 박수를 치기도 하였다.

어느 쪽이 더 파괴적인 사건이라고 보는가?

건물 한 면을 까맣게 태워버려 사람들이 집을 잃어버리게 만든 가스관 폭발인가?

많은 사람은 그렇다고 말할 것이다. 하지만 사실, 가스 폭발과 건물 폭파는 똑같이 파괴적인 결과를 가져왔다. 주택 사업의 내파로 인해 더 많은 건물이 파괴되었고, 많은 주민은 수년간 지내온 집을 잃어버리는 상실감을 느끼게 되었다. 마찬가지로 내적으로 폭발하는 분노는 외적 폭발만큼 피해를 줄 수 있다.

우리는 앞의 세 장에서 분노에 대응하는 건설적인 방법을 살펴보았지만, 솔직히 말해 보자. 우리들 중 많은 사람은 긍정적으로 화를 다루는 법을 배워본 적이 없다. 우리는 분노에 대한 우리의 반응이 이전에 항상 상황을 악화시켜왔다는 것을 안다. 우리는 분노 자체가 악이 아니라는 것을 믿기조차 어렵다. 우리는 매일 온라인과 텔레비전을 통해 어린이, 청소년, 어른들의 분노에 찬 행동이 세상에 비쳐지는 것을 본다. 즉 파괴의 길에 분노가 남겨놓은 범죄, 전쟁 그리고 고통을 본다.

그렇다면 우리는 어떻게 분노의 위험한 표현을 인식하고 통제할 수 있을까?

1. "내가 당신을 너무 많이 사랑해서 내게 상처를 주도록 내버려두 었어요" : 폭발성 학대

마거릿은 소리를 지르는 사람이었다. 아이든 남편이든 고용주든 누군가가 그녀의 분노를 자극하면, 상대방은 그녀의 비명을 듣게 된다!

마거릿은 '자신의 생각을 말하고 있다'라는 것에 자부심을 갖고 있었다. 그녀는 종종 말했다.

"적어도 사람들은 자기들이 나와 어느 상황에 있는지를 알게 되죠."

사실 마거릿의 분노는 걷잡을 수 없었다. 그녀는 십 대 때부터 25년 동안 지속되어 온 언어 폭력에 빠져 있었다.

마거릿은 딸이 다음과 같은 쪽지를 남긴 날까지 자신의 노여움을 정당화했다.

"엄마, 나는 오늘 밤 집에 안 들어올 거에요. 더 이상 엄마의 비명소리를 참을 수 없어요. 나한테 무슨 일이 생길지도 모르지만, 적어도 엄마가 원

> 정직해지자. 우리 중 대부분은 분노를 긍정적으로 다루는 법을 배워본 적이 없다.

하는 일을 내가 하지 않았을 때, 엄마가 내게 내뱉는 지독한 말을 듣지 않아도 되겠죠."

그녀는 쪽지에 리지라고 싸인을 했다.

마거릿은 리지의 쪽지를 읽을 때 비명을 지르지 않았다. 그녀는 눈물을 흘리며 목사님에게 전화를 했다. 먼저 그녀는 말했다.

"리지가 떠났어요. 리지가 어디로 갔는지 모르겠어요. 너무 걱정돼요."

그러자 그녀는 몇 년 동안 한 말 중에서 가장 희망적인 말을 했다.

"내가 리지를 쫓아냈어요. 내가 쫓아냈다는 걸 알아요. 내가 비명을 지르고 소리를 지르는 바람에 그 애를 쫓아냈어요."

전화로 흐느끼며, 그녀는 리지를 향해 내뱉은 성난 혀가 잘못되었다는 것을 처음으로 인정했다. 목사님은 현명하게 마거릿을 목회 상담자에게 안내했고, 그곳에서 그녀는 자신의 분노에 대한 부정적인 반응을 인정하고, 이해하고, 변화하는 과정을 밟게 되었다.

리지는 48시간 이내에 돌아왔고, 나중에 엄마와 함께 상담을 받았다. 현재 성인이 된 리지는 엄마와 좋은 관계를 맺고 있다. 마거릿은 딸의 쪽지를 받은 날이 인생에서 최악이자 최고의 날이었다고 말한다.

반면, 폴의 학대는 비언어적인 경향이 있었다. 그는 누군가에게 화가 날 때마다 물건을 던지고, 부수고, 교통 체증이 생기면 모욕적인 제스처를 하곤 했다. 폴은 가족끼리 벌인 논쟁에서 술병을 던지기까지 했다.

나탈리는 결혼하기 전에 폴에게서 이런 특징들을 어느 정도 본 적이 있었지만, 그가 그녀에게 분노를 터뜨린 적은 없었다. 그러나 결혼 후 6개월만에 그는 그녀를 벽에 밀어붙였다. 그녀는 그의 행동을 용납할 수 없다는 것을 알고 있었다. 그녀는 다음과 같은 편지를 써서 그의 사무실로 부쳤다.

"폴, 지난 밤 당신은 당신이 하리라고는 생각지도 못한 일을 내게 했어요. 당신은 화가 나서 날 벽에 밀어 붙였죠. 우리가 사귀는 동안 당신이 화를 낸 것을 본 적이 있었지만, 나한테 화를 표출할 줄은 생각도 못했어요. 이제 난 내가 틀렸다는 것을 알게 되었어요. 난 당신을 정말 사랑하고, 당신이 정말로 나를 해치고 싶어한다고 믿지 않아요. 하지만 운에 맡기고 살 수는 없어요. 만약 당신이 화가 나서 한 번만 더 나를 건드린다면, 상담자가 당신이랑 사는 것이 안전하다고 확신을 줄 때까지, 집을 떠나 살거라는 것을 알려주려고 편지를 쓰는 거에요, 내트."

폴은 편지를 받은 다음날 저녁 나탈리에게 사과했고 다시는 그런 일이 없을거라고 그녀에게 약속했다. 그러나 6개월 후 그는 홧김에 그녀의 어깨를 잡고 흔들었다. 나탈리는 아무 말도 하지 않았지만, 다음날 집에 왔을 때, 폴은 다음과 같은 쪽지를 발견했다.

"당신을 너무 많이 사랑해서 내게 상처를 주고, 당신의 자존감을 파괴하도록 내버려두었어요. 당신이 지난 밤에 일어난 일을 즐긴 것이 아니라는 것을 알고 있어요. 상담자가 당신이 좀 더 책임감 있게 분노를 다룰 수 있다고 확인해 줄 때까지 나는 돌아오지 않을 거에요. 사랑해요, 나탈리."

그녀의 강단 있는 대응 덕분에, 폴은 목사님에게 전화를 하고, 그 다음 상담자에게 전화를 하게 되었다. 그는 자신이 아내를 잃을 위험에 처해 있다는 것을 알고 있었다. 그는 또한 화를 다스리는 법을 배워야 한다는 것을 알고 있었다. 개인 상담 3개월, 부부 상담 3개월 만에 나탈리와 폴이 재회했다. 몇 년이 지났지만, 그들은 여전히 함께 하고 있다.

폴은 학대 패턴을 깨는 데 도움을 받았고, 성공했다.

2. 관계 파괴자

마거릿과 폴은 둘 다 분노를 표현하는 학대적인 패턴에 빠져 있었다. 그러한 행동들은 몇 년에 걸쳐 형성되며, 일반적으로 중요한 누군가가 도움을 받도록 강요하지 않는 한, 변하지 않는다. 가학 행위를 하는 사람에게 도움을 구하도록 동기부여를 하면, 그는 소중한 관계를 잃어버릴 수도 있다. 도움을 쉽게 받을 수 있으며 파괴적이고 학대적인 패턴은 변할 수 있다. 그러나 그러한 패턴은 단순히 시간과 함께 사라지지는 않을 것이다. 가족과 친구들은 폭발하는 자에게 분노에 대한 파괴적인 반응에 대해 책임을 묻는 법을 배워야 한다.

폭발적이고 성난 행동은 결코 건설적이지 않다. 그것은 지시 받은 사람에게 상처를 줄 뿐만 아니라, 통제 불능인 사람의 자존감을 파괴한다. 자신이 한 일을 생각하면 아무도 자기 자신에 대해 좋게 느낄 수 없다. 이렇게 분노 폭발이 한창일 때, 사람들은 나중에 후회할 말과 행동을 한다. 언어적, 신체적 폭발로 표현하는 미숙한 분노는 결국 관계를 파괴할 것이다. 받는 쪽의 사람은 통제 불능인 사람에 대한 존경을 잃고 결국 그들을 피할 것이다.

몇 년 전, 사람을 향해서만 공격하지 않는다면, 공격적 행동으로 분노를 표출하는 것이 긍정적으로 분노를 다루는 방법이 될 수 있다는 믿음이 특정심리학회에서 인기를 끈 적이 있었다. 그래서 화가 난 사람들은 베개, 가방, 인형을 때리거나 골프공에 그들의 공격성을 전가할 것을 권장 받았다. 그러나 지금 거의 모든 연구는 공격적 행동으로 분노의 감정을 분출하는 것이 사람의 분노를 해소시키는 것이 아니라, 실제로 그 사람이 미래에 폭발할 가능성을 더 높이게 된다는 것을 보여 준다.[1] 폭발은 분노를 다루는 일에 허용 가능한 방법이 아니다.

---

1   Mark P. Cosgrove, *Counseling for Anger* (Dallas: Word, 1988), 71, 95.

3. 내적 폭발이라는 폭탄

철거반이 어떤 건물을 내파를 통해 허물 때면 모든 잔해와 유리를 흩어지지 않도록 외부보다는 건물 안쪽에 폭파물을 배치한다. 이것은 화를 속으로 참기로 선택한 사람에게 일어나는 일을 생생하게 보여 주는 그림이다. 인간의 삶은 문자 그대로 내면화된 분노를 중심으로 무너진다. 폭발적 분노는 그 사람의 비명, 욕설, 힐난, 비난 그리고 다른 분노의 말이나 행동에 의해 쉽게 관찰되는 반면, 내적 분노는 당연히 다른 사람들에게 쉽게 인식되지 않는다.

분노의 폭발적 표현을 개탄하는 일부 기독교인들은 장기적으로 볼 때 내재된 분노가 정말 파괴적이라

> 한 사람의 삶은 그야말로 내면화된 분노로 인해 무너져 내린다.

는 현실을 예상하지 못한다. 폭발적 분노는 분노에서 시작하여 빠르게 폭력으로 변할 수 있는 반면, 내적 분노는 침묵과 체념에서 시작되지만, 시간이 지나면 원한, 쓰라림 그리고 결국 증오를 낳는다. 내적 분노는 일반적으로 **부정**, **체념** 그리고 **우울**의 세 가지 요소로 특징지을 수 있다. 이것들을 각각 살펴보자.

자신의 분노를 '내적으로' 처리하는 사람들은 종종 화가 났다는 것을 부정하는 것으로 시작한다. 분노에 대한 이러한 반응은 특히 분노 자체가 죄악이라는 가르침을 받은 기독교인들에게 유혹적이다. 따라서 개인이 다음과 같은 말을 하는 것을 자주 듣는다.

첫째, "화난 것은 아니지만, 정말 답답하다."
둘째, "화난 게 아니라, 그냥 속상하다."
셋째, "화나지 않았지만, 실망했다."
넷째, "화난 것이 아니라, 사람들이 나한테 잘못했을 때 싫어할 뿐이다."

하지만 이런 경우에서 거의 모두, 그들의 상태는 동일하다. 즉 이들은 분노를 경험하고 있다.

비벌리는 이것을 분명히 보여 준다. 10월 어느 날 아침 나의 사무실에 앉아 있던 그녀는 말했다.

"기독교인들이 화를 내면 안 된다는 것을 알고 있어요. 내가 화가 났다고 생각하지는 않지만, 벌어진 일 때문에 너무 화가 나서 어떻게 해야 할지 모르겠어요. 오빠는 부모님의 집을 팔아 달라고 얘기해서 사업자금을 얻어냈어요. 오빠는 부모님을 작은 아파트로 옮겨가게 하고, 부모님께서 살아 계시는 동안 월세를 내겠다고 약속했어요. 부모님이 양로원에 가셔야 할 일이 생긴다면, 그때는 그 비용도 감당할 거라고 말했어요. 오빠가 이 모든 일을 나랑 상의하지 않았어요. 나는 오빠를 알아요. 오빠의 사업 아이디어는 항상 황당해요. 2년 안에 모든 돈을 탕진하고, 부모님은 기초수급자가 될 거에요.

무슨 일이 일어났는지 알게 되자 제가 전화를 걸었어요. 그랬더니 오빠가 모든 과정을 있는 그대로 얘기했어요. 오빠는 부모님이 더 작은 곳으로 가야 될 것 같다고 지난번에 이야기했기 때문에 내가 화내지 않을 줄 알았다고 했어요. 나는 오빠한테 이해한다고 말했고 잘 될 거라고 믿는다고 했어요. 하지만 생각하면 할수록 속상해요."

비벌리는 분명히 격렬한 분노를 경험하고 있다. 그녀는 분노를 '비그리스도적'이라고 믿기 때문에, '분노'라고 부르고 싶지 않아 '속상하다'라는 말을 쓴다. 그러나 오빠와의 대화속에서 그녀는 실제로 부정하고 있다. 그녀는 그의 행동을 받아들일 수 있다는 인상을 주었지만, 실제로는 받아들일 수 없다는 것을 알았다.

오빠는 그녀가 화가 났다는 것을 알지 못하지만 사실 그녀는 화가 나서 속이 끓고 있다. 만약 그녀가 방법을 바꾸지 않는다면, 내적 폭탄은 내부에 깊이 뿌리내리게 될 것이고, 때가 되면 그녀의 삶을 무너뜨릴 것이다 (다음 장에서 내적 분노가 일으킬 결과를 참조하라).

분노는 거부한다고 해서 없어지는 것이 아니다. 인정하든 안하든, 내적 분노는 성난 개인의 몸과 정신에 파괴적인 영향을 미칠 것이다. 그 분노는 더 이상 부인할 수 없을 때까지 커져갈 것이다.

그러나 부정보다 더 심한 체념은 내적 분노로 고군분투하는 사람들이 주로 쓰는 전략이다. 자신과 타인에게 분노를 인정하면서도 분노를 불러일으킨 사람이나 상황으로부터 물러선다. 이런 생각은 부정하는 것이 아니라 거리를 두는 것이다.

'그 사람이랑 떨어져 있거나 같이 있을 때 말을 안하면, 아마도 분노는 시간이 지남에 따라 줄어들 거야.'

화가 난 개인은 스스로를 안심시킨다. 불쾌하게 만든 사람이 무언의 체념을 알아차리고 무슨 일 있냐고 묻는다면, 체념하게 된 사람은 다음과 같이 대답할 것이다.

"아니. 왜 뭐가 잘못됐다고 생각해?"

"글쎄, 네가 평소보다 조용해서. 나한테 하루가 어땠는지 물어보지도 않고, 네 일에 대해서도 아무 말도 하지 않잖아."

만약 그 사람이 이렇게 말하면서 문제를 파고들면, 체념하게 된 사람은 방을 걸어 나가면서 다음과 같이 응대할 것이다.

"좀 피곤할 뿐이야. 오늘 좀 피곤해서."

4. 내적 폭발은 어떻게 파괴하는가?

이런 '침묵의 처리' 즉 체념 및 회피는 하루 혹은 몇 년 동안 지속될 수 있다. 오래 지속될수록 원한과 쓰라림이 점점 더 심해지고, 확실히 더 심해질 것이다.

종종 이러한 내면화된 분노는 심리학자들이 **수동적-공격적 행동**이라고 부르는 방식으로 표현될 수 있다.

이 사람은 겉으로는 소극적이며, 아무 것도 자신을 괴롭히지 않는다는 모습을 보여 주려 하지만 결국은 상대방이 하는 요구를 들어 주지 않는 등 다른 방법으로 분노를 드러낸다.

예를 들어 앤디는 아내 레이첼에게 소극적-공격적 행동을 보이고 있었다. 그는 레이첼이 성적 친밀감에 관심을 전혀 보이지 않아서 화가 났다.

앤디는 레이첼과 공개적으로 그 문제를 논의하기를 거부했지만, 그녀가 아이들을 목욕시키는 것을 도와달라고 했을 때, 들은 척도 않고 이메일만 계속 확인했다.

그녀가 토요일에 창문을 좀 닦으라고 하자, 그는 아들과 함께 외출할 계획을 세웠다. 앤디는 대부분의 시간 동안 분노 속에서 자신이 무슨 일을 하고 있는지 완전히 의식하지 못했지만, 그녀에게 복수하고 있었다.

레이첼은 어떤가?

그녀가 성적 친밀감에 관심을 보이지 않는 것도 소극적-공격적 행동일 수 있다. 그녀는 앤디가 소중한 시간을 함께 보내지 않자, 그를 향한 분노를 쌓아둔 것으로 보인다. 그녀는 자신의 분노를 촉발시킨 문제에 대해서 상의하려 하지 않았지만, 분노는 수면 아래 가라앉아 있었다. 하지만 그녀는 행동으로 보여 주었다.

그래서 수동적-공격적 패턴은 악순환을 시작한다. 이 파괴적인 순환이 깨지지 않는 한, 그들의 결혼이 붕괴되는 것은 시간문제일 뿐이다.

내면의 분노를 다루는 사람은 또한 그 **분노의 방향을 바꿀 수도** 있다. 분노를 촉발한 사람이나 상황으로부터 벗어나 다른 사람이나 대상으로 분노의 감정을 돌린다. 상사에게 화가 났는데 상사와 맞서는 것이 두려워서, 집에 와서 고양이를 걷어차고, 아이들에게 욕하고, 아내에게 무례하게 말하는 사람을 흔히 본다.

이처럼 잘못된 대상을 향한 분노는 학대를 받는 사람들에게 더 많은 분노를 불러일으키고, 분노를 촉발한 원래 상황을 전혀 다루지 못하게 된다.

분노를 속에 담아두고, 억누르면 결국 생리적, 심리적 스트레스로 이어진다. 억압된 분노와 고혈압, 대장염, 편두통, 심장병 사이에 직접적인 상관관계가 있다는 것을 보여 주는 연구 결과가 많아지고 있다.[2] 그러나 분노를 억누르므로 따라오는 더 뚜렷한 결과는, 그 결과가 그 사람의 심리적 또는 정서적 건강에 미친 영향을 보면 안다. 내적 분노는 결국 원한과 쓴 뿌리 그리고 종종 증오를 낳는다. 성경은 이 모든 것을 분명히 비난하며, 분노에 대한 죄된 반응으로 간주한다.

내적 분노의 또다른 특징은 분노를 자극한 사건들을 **곱씹는 것**이다. 마음속으로, 잘못한 첫 장면을 비디오테이프처럼 반복해서 재생한다. 그는 상대방의 표정을 보고, 그 사람의 말을 듣고, 그의 정신을 감지하고, 분노의 감정을 자극한 사건들을 회상한다. 자신만의 상황 분석이라는 심리적 오디오테이프를 재생한다

'어떻게 걔는 그렇게 배은망덕할 수 있지?

내가 회사에 들어 온지 몇 년이나 되었는지 알기나 해?

걔는 여기 온 지 5년밖에 안 되었어. 걔는 일이 어떻게 돌아가는지 전혀 몰라. 내가 회사에 얼마나 중요한지 알면 나를 이렇게 대할 수 없지. 내가 사직서를 내서, 고생 좀 해 보라 하고 싶네. 아니면 위원회에 고소를 해서, 걔를 해고시킬까 싶다.'

분노에 휩싸여 뒹구는 동안 계속해서 테이프는 재생되고 있다. 테이프가 머리 속에서만 재생된다는 점이 난점이다. 관련된 사람이나 상담자 내지 신뢰할 수 있는 친구와 함께 분노를 다루지 못하고 있다. 분노는 억울함과 쓴 뿌리로 발전하고 있다. 그 과정이 중단되지 않는다면, 그 사람은 결국 정신 쇠약, 우울증 또는 어떤 경우에는 자살의 형태로 내적 폭발을 겪게 될 것이다.

그러나 분노를 내면화하고 있는 점점 더 많은 사람에게 다가올 최종 결과는 내적 폭발이 아니라 **외적** 폭발이 될 것이다.

---

2   Ibid., 98.

절박한 감정상태에서, 그들은 자신을 부당하게 취급한 사람에게 어떤 폭력행위를 저지를 것이다. 9개월 전 해고된 직원이 자신을 해고한 상사에게 총을 발사했다는 저녁 뉴스를 계속 보게 된다. 학대를 받았던 15세 아이가 부모를 살해했다. 소심한 남편이 아내를 갑자기 공격하고, 그녀의 인생을 망친다. 그런 사건에 충격을 받은 이웃들은 늘 기자에게 이렇게 말한다.

"그는 정말 좋은 사람처럼 보였어요. 그 사람이 그런 짓을 하다니 믿을 수가 없어요."

이웃이 관찰할 수 없었던 것은 오랜 세월을 곱씹어 내면화된 분노였다.

내적으로 폭발하는 분노가 외적으로 폭발하는 분노만큼 대단히 파괴적이라는 것은 명백하다. 그래서 성경은 항상 분노를 내면화 하지 말라고 경고한다.

사도 바울은 이렇게 권고하였다.

> 분을 내어도 죄를 짓지 말며 해가 지도록 분을 품지 말고 마귀에게 틈을 주지 말라
> (엡 4:26-27).

분명히 바울은 분노를 해질 때까지 끌지 말고 빨리 처리하라고 가르쳤다. 우리가 어두워진 후에도 화를 내면, 바울은 자정까지 처리하라고 시간을 더 줄 것 같다. 하지만 원칙은 분노를 내면에 쌓아두지 말라는 것이다. 사실 분노를 쌓아두는 것은 악마에게 틈을 주는 것이다. 즉 우리는 사탄과 연합하여 더욱 더 죄를 짓게 된다. 사도 바울은 더욱 우리에게 분노를 없애라고 했다(엡 4:31; 골 3:8 참조). 이것은 분노 자체가 죄악이라는 것이 아니라, 분노를 품고 사는 것이 죄악이라는 말이다.

솔로몬은 다음과 같이 경고했다.

> 노는 우매한 자들의 품에 머무름이니라 (전 7:9).

중요한 말은 **머문다**는 것이다. 바보는 분노를 속에 품고 있다. 현명한 사람들은 분노를 빨리 없애려고 한다는 말이다. 분노는 인간의 마음속에서 거주자가 아닌 방문자가 되어야 한다.

우리 모두는 앞 장에서 언급한 이유로 인해 분노를 경험한다. 그러나 부정하고, 체념하고, 곱씹음으로써 분노를 속으로 품고 있는 것은 분노에 대한 기독교의 반응이 아니다. 사실 분노를 품고 있는 것은 성경의 명확한 가르침을 어기는 것이다. 쌓아둔 분노의 결과는 쓴 뿌리이고, 성경은 쓴 뿌리에 대해 경고한다(행 8:23; 롬 3:14; 히 12:15 참조).

5. 증오를 조심하라

수년간 상담하는 과정에서 십 대들이 "아버지가 싫다"라고 말하는 것을 들었다. 이런 진술은 늘 아버지가 저지른 일련의 인지된 잘못과 관련이 있다. 그 십 대는 상처와 분노를 내면화 했고, 이제 아버지에 대한 원망과 쓴 뿌리, 증오심을 키워왔다.

나는 또한 아내가 "남편이 싫다"라고 말하는 것을 자주 들었고, 남편들도 아내에 대해 똑같이 표현하는 것을 들었다. 예외 없이 증오는 하루아침에 생기지 않는다. 증오란 개인의 가슴 속에 남아 있는 내면화된 분노의 결과물이다.

결국, 내면화된 분노로 인한 상처의 감정은 쓴 뿌리와 증오로 굳어질 수 있다. 미워하는 사람들은 늘 자신들이 화를 내고 있는 상대방이 잘못되라고 소원을 빈다. 때때로 (위의 예에서 언급한 바와 같이) 그들은 결국 이러한 병폐를 자행하게 된다. 내면화된 분노는 온 세상 사람이 알 수 있을 정도로 뿜어 나오게 된다.

어떤 사람이 자신에게 잘못한 사람에게 악으로 갚는다면, 그는 하나님의 특권을 남용하는 것이다.

성경은 이렇게 말한다.

> 원수 갚는 것이 내게 있으니 내가 갚으리라고 주께서 말씀하시니라(롬 12:19).

우리가 우리에게 잘못한 자에게 심판을 내리고자 한다면, 필연적으로 사태를 악화시키게 된다.

6. 내적으로 폭발하는 분노를 터뜨리는 방법

내적 분노를 해소하기 위해 어떤 긍정적인 조치를 취할 수 있는가?

첫째, 자신에게 나타나는 성향을 인정하라.
"맞아. 나는 분노를 속으로 억누르고 있어. 다른 사람에게 화가 났다는 것을 나누는 것이 정말 어려워. 이러는 것이 내 자신을 해친다는 것을 알고 있어."
이 말들은 도움이 된다.
둘째, 신뢰할 수 있는 친구나 가족에게 당신의 문제를 공개하라.
누군가에게 말하고 그들의 조언을 구하는 것은 당신이 화가 난 사람에게 맞서야 할지 말지를 결정하는 일에 도움을 줄 수 있다.

아마 "잘못을 내버려 두라"고 선택할 수도 있지만, 적어도 이것은 의식적인 선택이 될 것이고, 화를 풀 수도 있다. 당신이 당신의 분노를 말한 사람이 당신에게 필요한 도움을 줄 수 없다면, 도와줄 수 있는 목사님이나 상담자를 찾아라. 화를 내면화하는 파괴적인 대응을 계속하지 마라.
아마도 당신은 분노를 품고 있는 친구를 알고 있을 것이다.
그런 사람을 돕는 위험을 감수하는 것은 어떨까?

"내가 틀릴 수도 있지만, 진정으로 너를 걱정하고 있어.

그래서 묻는 거야.

누군가에게 화가 나서 모든 것을 속으로 품고 있지는 않니?

내가 틀렸다면 그냥 말해줘. 하지만 맞다면 널 도와주고 싶어.

속으로 분노를 참는 건 좋지 않아.

얘기 좀 할래?"

맞다. 당신은 그런 질문을 함으로써 위험을 무릅쓰고 있다. 상대방은 당신이 상관할 바가 아니라고 말할지도 모른다. 하지만 당신의 친구는 마음을 열 수 있고, 당신의 물음은 그의 문제를 표면화 하는 첫 단계가 될 것이다. 당신이 그를 더이상 도울 수 없다면, 할 수 있는 사람을 지목하라. 진정한 친구는 묵묵히 앉아서 이웃이 자멸하는 것을 지켜보지 않는다.

성경은 우리에게 외적, 내적 폭발이 아니라, 긍정적인 관점으로, 사랑의 방식으로 분노를 다루는 법을 배우라고 도전한다.

폭발적 분노와 내적 분노는 그런 식으로 분노를 다루는 사람뿐만 아니라 공동체를 포함한 관련자 모두에게 매우 파괴적이다. 분노에 대한 이러한 반응들 중 어느 것도 기독교인의 삶에서 적절한 것으로 받아들여질 수 없다. 당신의 분노에 대한 반응이 이런 패턴 중에 하나라도 있다면, 목사님, 상담자, 혹은 친구와 대화할 것을 권유한다. 당신이 이런 파괴적인 패턴과 고군분투하고 있다는 것을 누군가와 공유하라. 당신이 계속해서 분노에 대해 외적 폭발이나 내적 폭발로 대응한다면, 당신은 세상에서 하나님과 선을 향한 당신의 잠재력을 발휘할 수 없다.

이것은 분노를 다루는 다음 주제로 나아가게 한다.

평생 동안 피해를 받고, 분노를 속에 쌓아 두어서, 분노하고 분개하는 사람은 어떻게 해야 하는가?

다음 장에서 우리는 그 문제를 논하려고 한다.

긴급 처방

당신은 '내적으로 폭발'할 위험에 처해 있는가?

(1) 정의

'내적으로 폭발하는' 분노는 결코 표현하지 못한 내면화된 분노다.

(2) 촉매

대면의 두려움. 분노의 감정이나 표현은 잘못된 것이라는 믿음.

(3) 알아채는 방법

본인이 화가 났다는 것을 부정하는 사람. 숨어버리는 반응을 보임.
"나는 화가 난 게 아냐. 단지 실망했을 뿐이야" 등과 같이 말함.

(4) 결과

생리학적, 심리적 스트레스. '수동적 – 공격적' 행동.
분노, 쓰라림, 심지어 미움과 폭력으로 귀결될 수 있음.

분노의 결과는
그 원인보다 얼마나 더 가혹한가.

마르쿠스 아우렐리우스(Marcus Aurelius)

제7장

오래된 분노

마이크는 온화하고 크게 성공한 내과 의사였다. 하지만 그의 아내 줄리는 불만이 많았다. 그녀는 작년에 그가 그녀와 애들에게 '매사'에 잔소리를 한다고 말했다.

줄리는 내게 말했다.

"지쳤어요. 그 사람 내면에 무슨 일이 일어나고 있는지는 모르겠지만, 불평을 계속 듣고 있는 게 저와 애들에게 좋지 않다는 걸 알아요. 우리가 뭘 해도 그 사람은 기뻐하지 않아요."

그녀는 결혼 초기에는 좋았다고 설명했다. 마이크는 애정을 보여 주었고, 자상했다. 그는 좀처럼 비난하는 말을 하지 않았다.

그런데 약 2년 전부터 변하기 시작했고, 줄리는 말했다.

"작년에 비해 더 악화되었어요."

나는 2년 전에 마이크에게 무슨 일이 일어났는지 물었다.

줄리는 대답했다.

"내가 생각하기에는 아무 일도 없었어요. 그의 어머니가 그 무렵에 돌아가셨지만, 4년 동안 요양원에서 지내셨고, 지난 1년 동안 마이크를 알아보지 못했기 때문에, 제가 보기엔 어머님의 죽음은 이 일과 관련이 없을 거라고 생각해요."

1. 그는 활기를 상실한 것 같아요

나는 물었다.

"그 밖에 당신의 관계를 괴롭히는 것은 없나요?"

그녀는 대답했다.

"마이크는 삶에 대한 열정을 잃은 것 같아요. 그는 자신의 일과 가족에 대해 정말 신나했어요. 그는 항상 우리가 할 일을 계획했어요. 그는 더 이상 그런 일을 거의 하지 않아요. 예전에 있던 활기를 잃어버린 것 같아요."

우리의 세션이 끝날 때, 나는 마이크가 다음 세션에 혼자 오기를 권했고, 그 후에는 두 사람을 함께 보고 싶다고 했다. 줄리는 동의했다.

2주 후 마이크와 내가 만났을 때, 나는 줄리가 방문했던 것과 그가 보기에는 무슨 일이 벌어지고 있는지를 알고자 개인적으로 만나고 싶었다는 것을 간략하게 설명했다.

"그럼, 두 분 다 의향이 있으시다면 두 분을 함께 뵙고 싶습니다."

마이크가 말했다.

"좋습니다. 우리가 풀어야 할 문제가 좀 있는걸 알고 있습니다."

나는 물었고, 그가 대답했다.

"줄리와의 결혼 생활 초기를 회상해 보면, 그 시절을 어떻게 묘사할 수 있겠습니까?"

"결혼 생활은 좋았어요. 우리는 많은 걸 함께 했어요. 함께 있는 것이 즐거웠고, 매우 즐거웠어요. 애들이 태어났을 때, 애들한테 시간을 많이 써야했지만, 우린 여전히 서로를 위한 시간을 냈어요.

결혼 생활은 좋았다고 봐요. 사실 결혼 생활은 아직 좋다고 생각해요. 지난 1년 정도 힘들었지만요."

2. 마이크 이야기

나는 물었고, 마이크는 대답했다.

"당신이 보기에, 무엇이 지난 1년여 동안 결혼 생활을 어렵게 했나요?"

"글쎄요, 직장에서 스트레스를 많이 받은 것 같습니다. 그리고 애들이 줄리에게 점점 더 요구를 하는 것 같아요. 항상 피곤해 보이죠. 우리 둘 다 스트레스를 많이 받고 있는 모양이에요."

마이크는 계속해서 신경과민성으로 힘들고, 예전에 관심을 두었던 일에 관심이 없다고 설명했다.

"사실 생기를 잃어버린 것 같습니다. 나는 일이나 다른 것에 별로 신이 나지 않습니다. 솔직히 이게 절 제일 괴롭혀요."

나는 물었고, 그는 대답했다.

"얼마나 오랫동안 이런 기분을 느끼고 있습니까?"

"일 년쯤 된 것 같습니다. 지난 두 달 사이에 더 나빠진 것 같아요."

나는 마이크에게 그의 어린 시절에 대해 몇 가지 질문을 했고, 남동생과 의 붓 여동생이 있다는 것을 알았다.

마이크는 다음과 같이 설명했다.

"아버지는 제가 어렸을 때 엄마를 떠났어요. 아버지는 재혼해서 딸을 낳았어요. 저보다 열 살 아래지만 사실 남동생보다 그 여동생과 더 가까워요. 남동생과 사이가 좋지 않아요.

아버지가 떠나면서 우리 둘 다 가장이 되고 싶어했어요. 우리는 항상 무언가에 대해 싸우고 있었던 것 같아요. 제가 대학에 가고, 남동생이 군에 입대한 후에는 거의 연락을 안 했어요."

그는 그의 아버지가 알코올 중독자였다고 말했다.

"아버지가 집에서 술이 안 취했을 때는 괜찮았는데, 술에 취했을 때는 폭력적이었습니다. 어린 시절에 대한 좋은 기억이 없어요. 아버지가 떠난 후, 한 5년 동안 보지 못했어요.

하지만 제가 대학에 들어갔을 때 아버지가 저를 돕고 싶다고 말했고, 도와주었어요. 그 뒤로는 가끔 만났지만, 정말로 가까운 관계를 맺은 적은 한 번도 없었어요."

나는 물었고, 그는 대답했다.

"그런데 어머니와의 관계는 어땠나요?"

"엄마는 엄마대로 문제가 있었어요. 아마 그게 아빠가 술을 마시게 된 이유일 것 같아요. 저도 몰라요. 그녀는 따뜻한 사람이 아니라 매우 비판적이었어요.

아빠가 떠난 후, 엄마는 우리가 먹을 것과 살 곳을 마련하기 위해 열심히 일했어요. 엄마를 존경하지만 저와 남동생에게 엄하셨어요. 사실 대학 갈 때가 되자 기뻤어요."

아버지와 달리 마이크의 어머니는 재혼하지 않았다. 그녀는 약 2년 전에 돌아가셨다고 마이크는 말했다. 말년에 알츠하이머병에 걸렸고, 죽기 전 마지막 3년 동안 그녀의 건강은 계속 악화되어 아들이 방문해도 못 알아볼 때가 있었다.

나는 이렇게 물었고, 그는 말했다.

"수년에 걸쳐 부모님에 대한 원한이 많았다고 생각하십니까?"

"그게 원한인지 모르겠어요. 수 년 동안 그분들을 불쌍하게 생각했던 것 같아요. 두 사람 모두 좀 허무한 삶을 사셨죠."

마이크는 그가 대학생일 때 혼외 아들을 낳았다고 밝혔다. 아기는 입양되었다.

"줄리는 이 일을 알고 있지만, 우리는 아이들에게 말한 적은 없어요. 애들이 알 필요는 없다고 생각해요."

나는 마이크가 나에게 매우 약해졌다는 것을 알 수 있었다. 또한, 나는 그가 불편해지기 시작했다는 것을 알 수 있었다. 화제를 바꾸었다.

나는 물었고, 그는 대답했다.

"차를 몰다가 신호등에 멈춰서 있을 때, 신호등이 초록색으로 바뀌고 앞에 있는 사람이 즉시 움직이지 않으면, 경적을 울리시나요?"

"저는 죄책감을 느낍니다. 평소엔 침착하지만 운전대만 잡으면 적개심이 다 드러나는 것 같아요. 사람들이 바보 같은 짓을 하니까 나 혼자 있으면 소리를 질러요. 줄리와 아이들이 차 안에 있으면 참으려고 노력해요.

하지만 항상 경적을 울려요!"

우리는 함께 웃었다. 그러나 나는 말을 계속했다.

"생각할 수 있도록 먹을 걸 좀 드리고 싶네요. 제가 추측하길 당신은 매우 화가 난 사람이에요. 오랜 세월 동안 많은 분노를 마음속에 간직해 왔네요."

마이크는 잠시 침묵한 후 말했다.

"저는 결코 저를 성난 사람으로 생각해 본 적이 없습니다. 사실, 저는 항상 분노를 다루는 일에 자부심을 가지고 있었어요. 저는 폭발하는 스타일이 아니에요. 싸우는 게 득이 되지 않는다는 것을 일찍부터 배웠답니다. 아뇨. 저는 저를 성난 사람으로 보지 않아요. 당신 말이 맞을지도 모르죠. 다음에 더 살펴보죠."

3. 마이크는 과거를 파헤치다

마이크가 떠나기 전에, 나는 그에게 약간의 숙제를 주었다.

"연필과 종이를 가지고 혼자 있어 보세요. 그리고 두 가지 질문에 답하면서 인생을 곰곰이 생각해 보길 바랍니다.

당신한테 잘못한 사람들은 누구며, 그들이 무슨 짓을 했나요?

종이 위에 두 칸을 만들면 좋겠죠. 하나는 '사람들'이고 다른 하나는 '나한테 잘못한 것들'이라고 쓰세요. 가장 오래된 기억부터 시작하세요.

어린 시절, 어머니, 아버지 그리고 형제와의 관계에 초점을 맞추어 보세요. 그들 모두가 한 번 이상 당신에게 잘못했다면, 그들의 이름을 열거하고 당신에게 잘못한 것들을 목록으로 작성해 보세요.

구체적인 기억이 있을 때는 구체적으로 적으세요. 예를 들어 남동생이 야구방망이로 머리를 때렸다면, 그걸 적으세요.

가족과의 일을 다 적었으면, 학교 생활을 한번 살펴보세요. 기억할 수 있는 한 가장 어릴 때로 돌아가보세요.

선생님이나 학생이 당신한테 잘못한 적이 있었나요?

만약 그렇다면, 그 사람의 이름과 그 사람이 한 일을 적으세요. 그리고 나서 어린 시절, 교회, 이웃, 십 대 시절, 연애하던 때의 관계를 떠올려 보세요. 떠오르는 모든 것을 나열하세요. 그런 다음 대학 시절로 넘어가세요. 교수, 동료 학생, 여자 친구 또는 다른 사람들을 생각해 보세요. 그런 다음 의과대학, 레지던트, 현재까지 직업 환경 모두를 살펴보세요. 그 다음 줄리와 아이들과의 관계를 살펴보세요. 연애 관계부터 시작해서 결혼 생활로 옮겨가세요.

친척, 사업 동료 등과의 관계도 생각해 보세요. 최대한 광범위하게 생각해 보세요. 내가 왜 시간이 좀 걸릴지도 모른다고 했는지 알 수 있을 거에요. 큰 도움이 될 것이라고 생각하니, 최선을 다해 달라고 당부 드리고 싶습니다."

마이크가 이런 일을 통해 어디로 가고 있는건지 정확히 알지 못하고 있다는 것을 나는 감지했다. 하지만 그는 그 생각에 흥미를 느끼고 흔쾌히 동의했다.

마이크는 말했다.

"줄리와 같이 만나기 전에 우리 둘이 한 번 더 만나고 싶습니다. 좋습니다. 줄리에게 말하겠습니다."

2주 후, 마이크는 세 페이지 분량으로 평생 동안 그에게 잘못을 저질렀던 자들의 이름과 사건들을 적은 노란 색 노트를 들고 내 사무실로 돌아왔다.

그는 다음과 같이 말했다.

"이번 과제는 매우 흥미로운 사실을 드러내 주었어요. 이런 생각을 해 본 적도 없고, 이 모든 것을 생각해 낼 줄은 꿈에도 생각지 못했습니다.

그런데 일단 시작하자마자 기억이 떠오르자 쓸 수 있는 속도보다 생각이 더 빨리 떠올랐어요. 사실, 매우 고통스러운 경험이었어요. 이렇게 많은 시간 동안 제 과거에 대해 생각해 본 적이 없어요. 항상 목표를 달성하느라 바빴습니다. 제 철학은 '과거를 바꿀 수 없는데, 왜 굳이 그것을 신경 쓰느냐'는 것이었어요."

나는 말했다.

"그런 철학에는 맞는 면이 있긴 하지만 다른 두 가지 현실이 있죠.

한 가지는 과거로부터 배울 수 있다는 것이고, 다른 한 가지는 과거가 우리의 현재 행동에 종종 영향을 미친다는 것입니다."

나는 마이크의 명단을 들고 먼저 아버지의 이름을 읽고, 아버지가 저지른 잘못을 설명하는 진술들을 조용히 읽었다. 그리고 나서 나는 마이크를 바라보며 물었다.

"아버지와 이런 것들을 나눠본 적이 있었나요?"

그는 대답했다.

"아뇨. 저는 일찍이 아버지와 말하지 말아야 한다는 걸 깨달았거든요. 특히, 아버지와 의견이 일치하지 않으면 말이에요."

그리고 나서 나는 그가 어머니의 이름 옆에 쓴 글을 읽고 다음과 같이 물었다.

"어머니와 이런 것들을 나눈 적이 있었나요?"

그는 대답했다.

"아뇨. 엄마를 다치게 하고 싶지 않았어요. 엄마는 충분히 겪었어요. 그저 엄마와 평화롭게 지내고 싶었어요."

나는 그의 남동생의 이름과 그의 이름 옆에 있는 목록을 읽으면서 흘끗 아래를 내려다보았다. 나는 다음과 같이 물었다.

"이것 중에 남동생과 나눈 것이 있었나요?"

"글쎄요. 우리 둘 다 집에 있을 때는 그랬어요.

사실 우리는 거의 사사건건 싸웠어요"

나는 몇 년 동안 마이크에게 잘못한 사람들의 이름과 사건들을 읽으면서 목록을 하나씩 계속 내려갔다.

34명의 이름과 수많은 사건이 있었다. 마이크가 자신의 분노를 긍정적인 방법으로 다룬 경우는 단 두 경우였다. 나머지 32건의 사건에서 마이크는 그저 잊고 넘어가려고만 했었다.

4. 부당함의 무게

"지난번 세션 때, 당신이 화를 속에 쌓아두고 있다고 제가 왜 추측했는지 이제 이해하시겠죠?"

"박사님 말씀이 맞는 것 같네요. 어떻게 아셨나요?"

"묵혀둔 분노의 두 가지 공통적인 특징을 당신이 보여 주었기 때문입니다."

나는 계속해서 말했다.

"한 가지는 당신이 사용하는 말이지요. 당신은 줄리와 아이들의 행동에 대해 '많이 불평했어요.'

줄리의 말을 빌리자면, 당신은 [그녀]와 아이들에게 잔소리를 했어요. 다른 하나는 당신의 지난 몇 달 동안의 무기력한 행동이지요. 당신의 표현대로라면, '생기를 잃었어요.'

줄리의 표현대로라면, 당신은 예전에 지녔던 활기를 잃어버린 것 같습니다. 내가 왜 이런 일이 일어났다고 생각하는지 당신과 나누고 싶어요. 당신은 일생 동안, 좀 심하게 부당함을 겪었습니다. 당신에게 잘못한 모든 사람들이 나쁜 사람들이라고 말하려는 것이 아니라는 점을 이해해 주세요.

제가 관찰한 바는, 당신의 인생에서 많은 사람이 당신에게 깊은 상처를 줄 만한 일을 저질렀다는 거에요. 피해를 입을 때마다, 우리 내면에서 일어나는 자연스러운 감정은 분노지요. 분노를 다루는 건강한 방법은 우리에게 잘못을 저지른 사람에게 애정을 갖고 맞서서 해결책을 모색하는 겁니다.

하지만 종종 여러 가지 상황 때문에 우리는 그렇게 할 수 없습니다. 예를 들어 아이들은 부모에 대한 분노를 좀처럼 가라앉히지 못합니다. 일반적으로 부모들이 이해하지 못하거나 상황을 더 악화시킬 것이라는 두려움 때문이지요. 그래서 어린이들과 십 대들이 분노하지만 부모와 맞서지 않는 반응을 보이는 것은 매우 정상적입니다.

당신은 동생과 서로 말로 다투기도 하고 때로는 몸싸움도 하면서 분노를 어느 정도 처리했지요. 어떤 것도 분노를 자극하는 문제를 해결하지 못했죠. 당신이 설명한 다른 대부분의 상황에서 당신이 보인 반응은 피해 받은 것을 잊어버리고, 당신의 삶을 계속 살아가는 것이었지요. 하지만 분노는 그렇게 쉽게 해결되지 않는답니다. 사실 처리하지 않으면 피해는 잊혀지지 않지요. 이 사건들이 일어난 지 몇 년이 지난 후에도 이 일들을 기억할 수 있다는 것은 당신이 실제로는 잊지 않았다는 것을 의미합니다."

마이크는 주요 지점에서 고개를 끄덕이며 조용히 듣고 있었다. 나는 계속해서 말했다.

"오랜 세월에 걸쳐 계속 피해를 당할 때마다 이러한 피해를 흡수하는 감정적 능력이 능력 이상으로 뻗어 나가지요. 두 가지 중 하나가 일어나기 시작합니다. 우리는 수년 동안 이 분노를 그것을 저지른 사람들이 아니라, 현재 환경에서 다른 사람들, 즉 당신의 경우, 줄리와 아이들을 향해 표현하기 시작했답니다.

그래서 당신은 그들에게 비판적인 발언을 함으로써 분노를 말로 표현하기 시작했습니다. 이것은 당신이 수년간 해왔던 것과는 분명히 다른 접근법이지요. 당신의 분노를 입증하는 두 번째 방법은 우울증의 시작 단계입니다.

분노의 목적은 우리에게 잘못을 저지른 사람에게 건설적인 행동을 취하도록 하는 동기를 부여하는 것이지만, 우리가 이렇게 하지 못한다면 풀리지 않은 분노는 우리의 삶에 어두운 구름이 되지요. 우리는 일생 동안 수많은 사람에게 수많은 방법으로 피해를 입고, 또 입어왔습니다.

그 모든 부당함의 무게가 우리의 감정에 켜켜이 쌓이기 시작합니다. 그리고 우리는 삶에 무기력해지고, 우리의 관심을 자극하던 것들에 더 이상 관심이 없다는 것을 알게 되지요. 긍정적인 조치를 취하지 않으면, 그 사람은 점점 더 폭발적이 되든지, 아니면 점점 더 우울해집니다."

마이크 대답했다.

"전부 말이 되네요.

그런데 왜 이 모든 일이 최근에서야 일어나기 시작했을까요?"

나는 말했다.

"어머니의 죽음으로 촉발된 것 같습니다. 어머니가 지난 3년 동안 아파서 요양원에서 지냈지만, 어머니의 죽음이 속에 있던 풀리지 않은 깊은 감정을 건드렸고, 이 모든 것을 다시 수면 위로 끌어냈다고 봐요. 그 전에는 의식적으로 가치있는 활동을 계속하면서 해소되지 않는 분노를 숨기고 있었지요."

마이크는 끼어들며 말했고, 나는 대답했다.

"자극제를 기다리는 잠복성 감염병처럼."

"정확히 그렇습니다."

마이크가 말했다.

"그것 참 말이 되네요.

하지만 어떻게 해야 하지요?

되돌아가서 이 모든 사람들과 얘기할 수가 없어요. 우리 어머니는 돌아가셨고, 아버지는 절대 이해하지 못할 거에요. 몇몇은 죽었고, 다른 사람들은 어디에 사는지도 몰라요."

나는 말했다.

"맞습니다. 그래서 또다른 제안을 하려고 합니다. 제가 제안하고자 하는 것은 이 사람들 중 누구와 관계를 회복하라는 것이 아니에요. 사실, 이들 중 일부는 더 이상 당신과 관계를 맺지 않고 있지요.

하지만 제가 제안하고자 하는 것은 당신의 분노를 긍정적인 방법으로 처리하고, 당신이 지금 겪고 있는 두 가지 부정적인 행동을 변화시킬 수 있게 해 줄 것입니다."

나는 마이크가 확고한 기독교인이며, 내가 제안하는 것의 성경적 기초를 이해하리라는 것을 알고 있었다.

"저는 하나님의 두 가지 기본적인 특징을 상기시키면서 시작하고 싶습니다. 하나님은 사랑이시고 하나님은 정의로우십니다. 하나님은 그의 피조물의 안녕에 관심을 둡니다.

하지만 하나님은 또한 정의롭고 궁극적으로는 모든 사람을 정의롭게 할 것입니다. 이게 바로 십자가의 의미입니다. 그리스도가 우리 죄의 형벌을 지셨습니다. 그리고 하나님은 이 사실을 받아들인 사람을 용서하시고, 여전히 정의로우십니다.[1]

또 한 가지 성경의 개념이 있습니다. 성경은 원수 갚는 것이 하나님에게 있으니 하나님이 갚으신다고 말씀합니다.[2] 사람들이 저지른 잘못에 대한 대가를 치르게 함으로써 복수하는 것은 우리가 결코 해서는 안 되는 일입니다.

그들은 잘못을 하나님께 고백하고, 그리스도가 그들을 위해 행하신 일을 바탕으로 그의 용서를 경험해야 합니다. 아니면 그들은 저지른 죄를 지닌 채 하나님을 만나고, 최후 심판을 받게 될 것입니다."

---

1 로마서 3:26 참조.
2 로마서 12:19 참조.

5. 하나님에게 피해를 맡기기

나는 마이크를 똑바로 쳐다보며 이렇게 말했다.

"이제 내가 제안하고 싶은 것이 여기 있어요. 가능한 한 빨리 이 노트를 갖고 하나님과 마주하는 시간을 가져보세요. 하나님께 모든 이름과 모든 죄를 읽어 드리세요. 그것을 소리 내어 읽어 보세요. 그리고 나서 하나님께 이렇게 말해 보세요.

'우리 아버지가 무슨 일을 하셨는지 알잖아요. 이런저런 것 말이에요. 당신은 아버지가 아이에게 이런 짓을 하는 것이 얼마나 잘못됐는지 알고, 그들이 나한테 얼마나 상처를 줬는지 알고 있잖아요.

그들은 그동안 내 속에 있었어요. 하지만 오늘, 난 아버지와 이 모든 잘못된 것들을 하나님께 맡기고 싶어요. 당신은 정의로운 하나님이시고, 당신은 사랑이십니다. 당신은 우리 아버지에 대한 모든 걸 알고 있잖아요. 난 그가 왜 이런 일들을 하게 되었는지 모르겠어요. 당신은 그의 행동뿐만 아니라, 동기를 알고 있잖아요.

그래서 난 그를 당신 손에 맡기니 그를 보살펴주세요. 당신이 원하는 대로 하고, 좋은 대로 하고, 하고 싶은 대로 하세요. 나는 그를 당신 손에 맡깁니다. 이 모든 잘못을 당신에게 맡깁니다.

그가 잘못을 고백하면, 당신은 용서할 것이라는 것을 알고 있어요. 만약 그렇지 않다면, 당신은 이 문제에 대해 그를 상대할 것입니다. 하지만 나는 그의 과오와 그를 오늘 당신에게 맡깁니다.'"

나는 마이크에게 계속해서 말했다.

"모든 사람의 이름과 모든 사람의 잘못을 일일이 조사해 하나님께 하나씩 맡기길 바랍니다.

그들을 하나님에게 맡기세요. 일단 그렇게 하고 나면, 이 모든 것을 그에게 맡긴 것에 대해 하나님께 감사드리세요.

하나님께 당신의 인생을 성령으로 충만케 하시고, 미래에 하나님이 원하시는 사람이 될 수 있도록 힘을 달라고 간구하세요.

그리고 또한 앞으로 분노 경험이 일어날 때 그것을 처리할 수 있는 능력을 달라고 간구하세요. 사람들은 계속해서 당신한테 잘못할 수 있어요. 줄리도 당신에게 잘못할 수 있고, 자녀들도 잘못할 수 있어요.

하지만 우리는 분노를 어떻게 긍정적인 방법으로 다룰지를 이야기 하려고 하고, 바로 이것을 당신이 배우기를 바라는 거에요. 그래서 당신은 하나님에게 당신의 분노를 다루는 법을 가르쳐 달라고 간구하게 될 거에요.

그런 다음에 당신이 이 모든 일을 하나님께 맡겼으니, 이 모든 것은 이제 당신 인생에 있는 것이 아니라, 하나님의 손에 있다는 상징으로, 불태우거나 찢어서 이 목록을 없애면 좋겠습니다.

2주 후, 마이크와 줄리가 다시 왔다. 마이크는 그가 한 일을 그녀와 나누었다. 줄리는 말했다.

"2주 동안 좋았어요. 이 일은 인생에서 일어난 가장 엄청난 일 중 하나에요. 남편을 새로 얻은 기분이에요."

마이크도 말했다.

"2주 동안 좋았습니다. 줄리와 그런 것들을 나누는 과정은 어려웠어요. 하나님과 나누는게 더 쉬웠어요. 그런데 짐을 다 내려놓은 것 같아요."

줄리는 말했고, 마이크는 대답했다.

"그는 이번 주에 단 한 번도 비난하지 않았어요."

"글쎄요. 분노가 사라졌습니다. 비난할 필요가 없어요. 다시 삶이 신나기 시작했어요."

나머지 세션은 마이크와 줄리가 앞으로 화를 다스리기 위한 새로운 지침을 마련하는 것을 돕는 일에 사용했다.

이 지침은 제3장에서 볼 수 있다. 우리는 그들의 관계에서 다른 사소한 문제들을 다루는 두 번의 세션을 더 가졌다.

마이크와 줄리는 결혼 생활에서 중요한 이정표를 통과했는데, 이 이정표는 부부 간의 친밀감을 크게 향상시켰고 지난 10년 동안 그들이 다른 많은 커플을 도울 수 있게 해 주었다.

6. 분노와 우울증

35년간의 상담 끝에, 나는 세상에는 수천 명의 마이크가 있다고 확신한다. 이들 중 다수는 직업에서 아주 성공을 거두었고, 오랜 세월 동안 숨겨진 분노에 지장을 받지 않았다. 그러나 조만간 해소하지 못한 분노 때문에, 무고한 사람들에게 폭력적인 행동을 하거나, 해결되지 않는 심각한 우울에 빠지게 된다.

이 때문에 세상에서 하나님과 선을 향한 자신의 잠재력을 발휘하지 못하게 된다. 모든 우울증이 해소되지 못한 분노 때문에 생기지는 않는다. 확실히 그렇지 않다. 그러나 우울증은 때로 오랜 시간에 걸쳐 속으로 쌓인 분노의 결과물이다.

어떤 사람이 오랫동안 화를 낼 때는 폭발적이거나 내적 반응을 피하기 위해 분노를 해소해야만 한다. 마이크의 이야기를 공유함으로써 내가 이 장에서 설명하고자 한 과정은 누구에게나 도움이 될 것이다. 마이크와 같은 많은 사람은 과거의 경험이 현재의 행동에 영향을 미치고 있다는 것을 전혀 모르고 있다. 수년 동안 우리에게 가해진 잘못의 목록을 만드는 것은 해소되지 못한 분노를 확인하는 첫 번째 단계다. 일단 목록이 만들어지면, 여러분은 스스로에게 이렇게 자문할 수 있다.

'내가 이 사건에 대한 분노를 어떻게 다루었는가?'

만약 그것이 해소되지 않았거나, 제대로 해소되지 않았다는 것을 알게 된다면, 해결되지 않은 분노를 다루는 것은 결코 늦은 것이 아니다.

그러나 내가 마이크에게 한 말을 다시 한번 강조하겠다. 우리의 분노를 이런 식으로 하나님과 함께 다루는 것은 그 자체로 우리에게 잘못한 사람들과의 관계를 다시 회복시켜주는 것이 아니다. 오히려 이것은 우리에게 감정적이고 정신적인 치유를 가져다 준다. 마찬가지로 중요한 것은, 이것은 우리의 미래의 삶을 바꾼다.

우리에게 잘못한 자들을 다시 찾아가서 개인적으로 처리하는 것은 기도와 신중한 생각이 필요한 결정이다. 고려해야 할 많은 요소가 있다. 그 중 대부분은 제3장에서 우리에게 잘못한 자를 향한 분노를 다루는 법을 말할 때 논의한 것이다. 이것이 이루어질 때, 개인적인 치유뿐만 아니라, 관계를 치유할 수 있는 가능성이 생긴다. 동시에, 그것은 더 심한 거부, 상처 그리고 피해의 가능성도 유발한다. 그 사람이 아직 살아있고 그 관계가 여전히 중요하다면, 나는 기도하면서 이 대안을 고려해 볼 것을 추천한다. 대개 그러한 화해의 시도는 개인이 신뢰할 수 있는 목사님, 상담자 또는 친구의 도움을 받는다면 더 생산적일 것이다(화해와 사과라는 주제를 더 자세히 탐구하려면, 내가 최근에 제니퍼 토마스 박사와 함께 저술한 『미안하다는 말로 충분하지 않을 때 : 당신이 사랑하는 자들과 관계를 개선하는 법』[*When Sorry isn't Enough: Making Things Right with Those You Love*]을 참조).

그러한 화해는 언제나 용서를 필요로 한다. 이것이 우리가 다음 장에서 다루고자 하는 화두이다.

긴급 처방

오래된 분노를 다루는 6단계

(1) 수년 동안 당신에게 가해진 (중요한) 잘못의 목록을 만들어라

(2) 당신이 각각의 경우나 상대방에게 어떻게 반응했는지 분석하라

(3) 상대방이 더 이상 살아있지 않거나, 화해할 수 없다면, 하나님께 당신의 분노를 맡겨라

(4) 살아있는 자라면 화해를 할 것인지 '무시할 것'인지 결정하라

(5) 화해하기로 결심했다면, 만날 때 믿을 만한 목사님 같은 제삼자와 동행하라

이 제삼자는 당신과 상대방이 다툴 경우 중재자나 조력자가 되어 주고, 주요 주제에 대해서 대화를 계속할 수 있도록 할 것이다.

(6) 용서를 구하라

대체로 당신이 거의 늘 화해를 위해 용서해야 한다. 하지만 때로는 당신이 본의 아니게 감정을 상하게 만든 상대방의 용서를 받아야 할 때도 있다.

용서는 배워야 할 방법이 아니라,
살아내야 할 진리이다.

낸시 리 드모스(Nancy Leigh Demoss)

제8장

용서?

고등학교 2학년인 매디슨은 여름 내내 치어리더 선발대회에 나갈 준비를 하고 있었다. 테스트가 끝나자, 그녀는 자신의 연기에 만족하였다. 일주일 후에 그녀는 자신이 선발되지 않았다는 것을 알았다. 그녀는 무너졌다. 나흘 뒤 그녀는 친구라고 생각했던 소피아가 치어리더 코치에게 자신이 마약을 하고 있다고 거짓말을 한 사실을 알게 되었다. 지금 매디슨은 분노로 끓고 있다. 이것은 정당한 분노, 불의에 의해 야기된 분노였다. 믿었던 소피아가 그녀에게 죄를 지었다.

매디슨은 어떻게 반응을 해야 할까?

우리가 믿었던 사람이 우리에게 죄 짓는 것을 느낀다면 어떻게 해야 할까?

1. 하나님이 우리를 용서하시는 법

성경은 우리가 하나님에게 저지른 잘못과 그분이 선택한 대응 방식을 보여 준다. 예언자 이사야는 이스라엘에게 이렇게 전하였다.

> 오직 너희 죄악이 너희와 너희 하나님 사이를 갈라 놓았고 너희 죄가 그의 얼굴을 가리어서 너희에게서 듣지 않으시게 함이니라 (사 59:2).

우리는 결코 하나님의 사랑으로부터 분리되지 않는다. 하지만 죄로 말미암아 우리는 하나님과의 친교에서 분리된다.

신약은 "죄의 삯은 사망"이라고 상기시킨다. 죽음은 분리에 대한 궁극적인 그림이다. 물론 이것은 하나님이 그의 피조물에게 바라는 바가 아니다. 그래서 신약의 저자는 하나님의 은사는 "그리스도 예수 우리 주 안에 있는 영생"이라고 덧붙인다(롬 6:23 참조).

하나님은 피조물과의 교제를 원하신다. 이것이 바로 그리스도의 십자가의 의미이다. 하나님은 용서와 영원한 생명의 선물을 주신다. 하나님의 용서를 경험하기 위해서 인간은 회개와 그리스도에 대한 믿음으로 하나님의 성령의 부르심에 응해야만 한다(행 2:37-39 참조).

회개라는 말은 문자 그대로 '돌아서다'는 뜻이다. 메시지는 명확하다. 만일 우리가 하나님의 용서를 받고 그의 영원한 집에 들어가려면, 우리는 죄에서 벗어나고, 그리스도가 우리의 죄를 위해 형벌을 받으셨음을 인정하고, 하나님의 용서와 영원한 생명이라는 선물을 받아들여야 한다. 이 모든 것은 성령의 격려와 인도 때문이다.

이렇게 하는 순간, 우리는 하늘 아버지의 따뜻한 안아주심을 경험하게 된다. 거리감은 사라졌다. 요한의 말을 빌리자면, 우리는 이제 빛 가운데 행하며, 하나님과 교제한다.

예수의 피가 우리를 모든 죄에서 깨끗하게 하실 것이요 (요일 1:7).

더 나아가기 전에 **용서**라는 말의 의미를 분명히 하자. 성경 언어의 핵심 사상은 덮어주기, 없애주기, 용서하기, 은혜 베풀기다. 이 중에서 가장 보편적인 것은 죄를 없앤다는 개념이다. 예를 들어 시편 기자는 다음과 같이 말한다.

동이 서에서 먼 것 같이 우리의 죄과를 우리에게서 멀리 옮기셨으며 (시 103:12).

　　그러므로 하나님의 용서는 그 사람을 하나님의 심판, 즉 죄인이 마땅히 받아야 할 형벌로부터 벗어나게 하는 것이다.

2. 화해와 회개

　　우리를 향한 하나님의 용서는 어떻게 다른 사람을 용서하는지를 보여주는 본보기가 된다. 성경은 이렇게 말한다.

> 하나님이 그리스도 안에서 너희를 용서하심과 같이(엡 4:32).

이처럼 우리는 서로를 용서해야 한다.
이 신적 모델에는 두 가지 본질적인 요소가 있다.

첫째, 죄인의 편에서는 고백과 회개
둘째, 당한 편에서는 용서

성경에서 이 두 가지는 절대 분리되지 않는다.
예를 들어 하나님은 이스라엘을 다음과 같이 부르셨다.

> 여호와께서 이르시되 배역한 이스라엘아 돌아오라 … 나는 긍휼이 있는 자라 노를 한없이 품지 아니하느니라 여호와의 말씀이니라 너는 오직 네 죄를 자복하라 이는 네 하나님 여호와를 배반하고 … 배역한 자식들아 돌아오라 나는 너희 남편임이라 (렘 3:12-14).

　　이스라엘이 죄를 짓는 동안 하나님은 화해하는 것에 결코 동의하지 않는다. 회개 없이는 화해가 있을 수 없다.

신약에서 예수님은 동일한 사실을 다음과 같이 표현하셨다.

> 예루살렘아 예루살렘아 선지자들을 죽이고 네게 파송된 자들을 돌로 치는 자여 암
> 탉이 그 새끼를 날개 아래에 모음 같이 내가 네 자녀를 모으려 한 일이 몇 번이더
> 냐 그러나 너희가 원하지 아니하였도다 보라 너희 집이 황폐하여 버려진 바 되리라
> (마 23:37–38).

성경에는 죄를 뉘우치지 않고, 믿음으로 그를 의지하지 않는 사람을 하
나님 용서해 주셨다는 증거가 없다. 일부는 다음과 같은 질문을 제기하면
서 반대할 것이다.

예수님이 십자가에서 하신 기도는 어떤가?

> 아버지 저들을 사하여 주옵소서 자기들이 하는 것을 알지 못함이니이다(눅 23:34).

아버지께서는 이 기도를 받아들이지 않으셨는가?

내 대답은 이렇다.

"받아들이셨다. 그러나 즉시 받아들여지지는 않았다."

그들은 즉시 용서받지 못했을 뿐만 아니라, 하나님의 아들을 십자가에
못박는 악랄한 행동을 계속했다.

그들이 즉시 용서받지 못했다는 것은 오순절에 행해진 사도행전 2장에
기록된 베드로의 설교에서 명백하다. 베드로가 그리스도의 십자가 처형에
책임이 있는 많은 사람에게 말하였다.

> 이스라엘 사람들아 이 말을 들으라 너희도 아는 바와 같이 하나님께서 나사렛 예수로
> 큰 권능과 기사와 표적을 너희 가운데서 베푸사 너희 앞에서 그를 증언하셨느니라 …
> 너희가 법 없는 자들의 손을 빌려 못 박아 죽였으나 하나님께서 그를 사망의 고통에
> 서 풀어 살리셨으니… 또 여러 말로 확증하며 권하여 이르되(행 2:22–24, 40).

그는 분명히 그리스도의 십자가형에 실제 참여했던 자들에게 설교하고 있었다. 3천 명 이상이 진리에 응답하였고, 그리스도를 구세주로 인정했다(행 2:41). 사도행전의 나머지 부분은 그리스도에 응답한 수많은 사람을 기록하고 있다. 성경은 이렇게 말한다.

> 예루살렘에 있는 제자의 수가 더 심히 많아지고 허다한 제사장의 무리도 이 도에 복종하니라(행 6:7).

분명히, 예수님을 십자가에 못박은 많은 사람이 예수님을 메시야로 인정하고 하나님의 용서를 경험하게 된 것은 오순절 이후였다. 예수께서 십자가에서 "저들을 사하여 주옵소서"라고 기도하신 것은 그들이 아버지의 용서를 경험하기를 바라는 그의 의지와 깊은 염원을 나타내는 것이다.

우리가 모방해야 하는 것은 용서하려는 의지다. 그러나 예수님께서 위하여 기도한 사람들은 그들이 회개하고 구세주 그리스도를 믿기 전에는 아버지의 용서를 경험하지 못했다.

3. 꾸짖음 – 그리고 신뢰 다시 쌓기

친구에게 배신감을 느낀 매디슨을 다시 떠올려보자.

그녀는 어떻게 해야 할까?

> 당신이 꾸짖을 때 죄짓지 않도록 조심하라.

예수님이 누가복음 17장에서 제시한 성경의 패러다임을 살펴보도록 하자. 예수님은 다음과 같이 말씀했다.

너희는 스스로 조심하라 만일 네 형제가 죄를 범하거든 경고하고 회개하거든 용서
하라 만일 하루에 일곱 번이라도 네게 죄를 짓고 일곱 번 네게 돌아와 내가 회개하
노라 하거든 너는 용서하라 하시더라(눅 17:3-4).

사건의 진행에 주목하라.

첫째, 죄악이 있다.

당신의 형제, 자매 또는 친구가 당신을 부당하게 대한다. 즉각 당신은
정당한 분노를 경험하게 된다. 첫 번째 응답은 명확하다. 당신은 당신에게
죄 지은 사람을 꾸짖어야 한다. 앞에서 언급한 바와 같이 **꾸짖음**이라는 단
어는 문제를 따져보고, 주의를 환기시키는 것을 의미한다. 한마디로 상대
방의 죄에 맞서는 것이다.

우리가 논의한 바와 같이 대개는 질책을 하기 전에 감정적 마음을 가라
앉히는 시간을 갖는 것이 가장 좋다. 그러나 누군가가 당신에게 심각할 정
도로 죄를 지었을 때 완전히 침착하리라고 생각하는 것은 비현실적이다.
하지만 당신은 꾸짖을 때 죄를 짓지 않도록 조심해야 한다. 그리고 그리스
도가 그를 위해 죽으셨다는 것을 기억하면서 대해야 한다. 당신이 가장 바
라는 바는, 당신이 그리스도의 사랑을 보여 주면, 상대방이 잘못을 고백하
고 회개하고, 당신은 용서를 베푸는 것이다.

그 다음 단계는 죄를 지은 사람이 회개해야 한다는 것이다. 즉 그녀는
저지른 잘못을 고백하고, 앞으로 잘못을 행하는 것에서 벗어나고자 하는
마음을 표현해야만 한다. 만약 그렇게 하면, 예수님은 우리가 그 사람을
용서해야만 한다고 하셨다. 우리는 벌하지 말고, 다시 그 사람을 우리와
회복된 관계로 돌아오게 해야 한다.

그리고 우리는 다시 신뢰를 쌓는 과정을 시작한다. 잘못된 행동 때문에
상대방과 멀어지지 말고, 우리의 상처와 실망감 때문에 그녀를 향한 우리
의 행동을 통제하면 안 된다.

하나님이 우리를 용서한 것과 같은 방식으로 우리는 상대방을 용서한다. 동일하게, 우리가 상대방에게 잘못할 때, 상대방도 우리를 용서해 주길 바란다.

그러나 용서가 죄의 모든 영향을 없애지는 못한다. 다윗이 밧세바와 그녀의 남편에게 죄를 지었을 때, 하나님께서는 다윗이 자기의 죄를 고백할 때, 완전히 용서해 주셨다. 그러나 다윗의 죄의 부정적인 결과는 평생 동안 그를 괴롭혔다. 우리의 죄도 마찬가지다. 예를 들어보자. 술을 먹고, 술 취한 상태에서 고속도로에 차를 몰고 간다고 하자. 잠시 후, 길을 벗어나 전신주를 들이받았고, 다리가 부러지고, 차는 심하게 손상되었다. 차에서 내려오기도 전에 죄를 고백하고, 하나님의 용서를 경험하게 될지도 모른다.

하지만 다리는 여전히 부러져 있고, 차도 여전히 비틀려 있다. 비록 하나님의 용서를 받았지만 말이다. 아내가 그 현장에 나타난다. 이제 그녀에게 죄를 지었다는 현실에 직면한다. 그녀에게 잘못을 고백하고, 그녀가 용서해준다면, 이제 그녀의 신뢰를 다시 쌓을 기회를 얻게 된다. 하지만 그녀 역시 고통을 받을 것이다. 그 사고 때문에 자동차 보험료가 오르고, 면허증이 취소되어 그녀가 나를 직장에 데려다 줄 때, 그녀 역시 영향을 받게 된다. 아내와 하나님의 용서를 받았다. 하지만 그 소식이 공동체에 퍼지게 되면 내 잘못의 결과에 계속 직면해야만 한다.

용서가 죄의 모든 결과를 없애 주는 것은 아니다. 행동에 책임을 져야 하고, 실패를 통해 배우려고 노력해야만 한다.

용서의 두 번째 현실은 **용서가 모든 고통스런 감정을 없애주지 않는다는 것이다.** 아내는 당연히 용서할거지만, 내가 한 일을 생각하면 다시 한번 실망과 분노를 느낄지도 모른다. 용서는 감정이 아니다. 용서는 그 사람이 한 일에 상관없이 그 사람을 받아들이겠다는 약속이다. 정의를 요구하는 것이 아니라, 자비를 베풀겠다는 결심이다. 이것이 바로 용서하는 아내(혹은 남편)가 해야 할 일이다. 용서란 다시는 그 상황을 생각하지 않겠다는 뜻도 아니다.

왜냐하면, 인생의 모든 사건은 뇌에 기록되어 있기 때문에, 그 사건이 의식으로 다시 돌아올 수 있는 모든 잠재력이 있기 때문이다.

용서하기로 했다면, 그 기억을 하나님께 갖고 가서, 우리가 생각하고 느끼는 바를 하나님께 인정해야 한다. 하지만 하나님의 은혜로 우리의 죄가 용서받았다는 것에 감사드린다. 그리고 나서 우리는 오늘 그 사람을 위해 친절하고 애정 어린 일을 할 수 있는 힘을 달라고 하나님께 간구한다. 우리는 미래에 초점을 맞추고, 이제는 용서받은 과거의 실패에 집착하지 않아야 한다.

4. "하지만 상대방이 듣지 않는다면"

그러나 만약 그 사람이 회개하지 않는다면?

그래도 그 사람을 용서해야 하는가?

성경의 대답은 분명하며, 예수님의 가르침에서 찾을 수 있다.

> 네 형제가 죄를 범하거든 가서 너와 그 사람과만 상대하여 권고하라 만일 들으면 네가 네 형제를 얻은 것이요 만일 듣지 않거든 한두 사람을 데리고 가서 두세 증인의 입으로 말마다 확증하게 하라 만일 그들의 말도 듣지 않거든 교회에 말하고 교회의 말도 듣지 않거든 이방인과 세리와 같이 여기라 (마 18:15-17).

예수님이 묘사하는 교회의 가르침의 원칙은 우리가 맺고 있는 모든 밀접한 관계(비기독교인을 포함)에도 충분히 적용된다. 만약 애정을 갖고 대립한 후에 그 사람이 회개하지 않는다면, 우리가 무엇을 해야 하는가를 묻는 질문에 대한 대답이다. 우리는 믿을 수 있는 두 친구를 초대하여 다시 한번 잘못을 저지른 사람과 맞섬으로써 경험의 범위를 넓혀야 한다.

만약 아직도 뉘우치지 않는다면, 우리는 그 사람을 믿지 않는 사람으로 취급해야 한다.

기독교인들은 불신자들을 어떻게 대할까?

우리는 그들을 위해 기도하고, 그들에게 친절하려고 노력해야 한다. 하지만 우리는 그들을 죄 없는 자처럼 대하지 않는다. 모든 죄는 분리를 초래한다는 것을 기억하라. 우리가 죄를 눈감아 준다고 해서, 분리가 일어나지 않는 것은 아니다. 죄는 항상 인간관계에 장벽을 만들고, 장벽은 진정한 회개와 진정한 용서가 있을 때만 허물어진다.

남편 톰이 바람을 피우고 있다는 것을 알게 된 아내를 생각해 보자. 그녀를 앤지라고 부르자. 앤지는 자신이 알아낸 걸 갖고 톰과 맞선다. 그는 여러 가지 반응 중 하나를 보일지 모른다. 그는 그녀가 증거를 갖고 있다는 것을 확신할 때까지 혐의를 부인할 수도 있다. 그는 고백하고, 직장에서 젊은 여자와 관계를 끊겠다고 약속할 수도 있다. 그는 그녀에게 그 젊은 여자를 사랑하고 있고 그녀와 결혼할 수 있도록 이혼을 원한다고 말할지도 모른다. 그는 고백하고, 실제로 상대방과 관계를 끊을 수도 있다.

용서를 가능하게 하는 것은 이 선택 중 마지막 선택뿐이다. 앤지가 용서하고 톰은 진정한 용서를 받고자 한다면, 그는 고백과 회개로부터 시작해야 한다. 그리고 나서, 그들은 함께 부부 관계를 회복하려고 노력할 수 있다.

5. 개인적인 쓴 뿌리를 피하기 위해 용서해야만 하는가?

매디슨으로 돌아가 보자.

그녀는 단순히 자신의 이익을 위해 친구를 용서해야 할까?

그래서 분노가 소피아에 대한 쓴 뿌리로 굳어지는 일이 없도록?

나는 매디슨이 그녀의 분노를 쓴 뿌리가 되기 전에 해소해야 한다는 것에 확실히 동의한다.

그러나 성경의 관점에서 보자면, 용서는 일방통행이 될 수 없다. 용서는 선물이다. 죄인이 "저는 용서가 필요합니다. 그리고 저는 용서 받기를 원합니다"라고 기꺼이 인정할 때까지 이 선물을 열 수 없다.

하나님이 고백하지도 않고, 뉘우치지도 않는 죄인을 용서해 주셨다는 성경의 증거는 없다. 하나님은 언제나 기꺼이 용서하시고 용서를 바라시지만, 죄인이 뉘우칠 때까지 실제로 용서할 수는 없다.

인간관계에서도 마찬가지다. 성령의 도움을 받은 기독교인들은 항상 용서하고, 기꺼이 용서하고, 용서를 바래고, 베풀 준비가 되어 있어야만 한다. 하지만 우리는 원하지 않는 사람에게 용서를 강요할 수는 없다.

그러면 기독교인들은 잘못한 사람이 잘못을 뉘우치지 않으려 할 때 자신의 분노의 감정과 생각을 어떻게 해야 하는가?

나는 하나님이 우리를 대하듯이, 우리도 그 사람에게 애정을 갖고 대해야 한다고 믿는다. 만약 그 사람이 우리가 처음 맞설 때 긍정적으로 반응하지 않는다면, 그를 위해 기도하고 다시 시도를 해야 하는데, 어쩌면 한 두 명 다른 사람들을 함께 가자고 청해서, 죄에 대하여 제대로 알려주어야 한다. 만약 그 사람이 이러한 맞섬에도 바로 반응하지 않는다면, 죄의 실상을 더 큰 공동체와 공유해야 하는데, 보통 대가족과 경우에 따라서는 교인이다.

만약 그 사람이 여전히 잘못을 뉘우치지 않는다면, 그 사람은 '이교도'로 취급 받을 것이다. 이 말은 예수님이 사용한 말이다. 마태복음 18장은 기독교 신자들 사이의 관계를 주로 다룬다. 하지만 이 원칙은 관계를 파탄내는 죄를 짓는 모든 사람들에게 적용된다. 이교도는 외부인이었고, 믿지 않는 자였다. 피해를 주는 사람이 실제 믿지 않는 사람이든, 그저 뉘우치지 않는 죄인이든 간에, 우리는 그 사람을 우리와 교제를 끊은 사람과 동일하게 대한다. 그 사람을 이교도로 대한다는 것은 그를 친한 친구로 여기지 않는다는 것을 의미한다.

우리는 그를 위해 기도하고, 그에게 친절하고, 그를 존중하고 존경심을 가지고 대하기를 계속 기도해야 한다.

그리스도가 그를 위해 죽으셨고, 우리가 화해하기를 원하는 사람이 그 사람이라는 것을 기억하라. 그러나 우리는 죄가 없는 것처럼 행동할 수 없다. 사실은 죄악이 그와 당신 사이에 장벽을 만들었고, 장벽은 시간만 지난다고 무너지지 않을 것이다.

상대방이 죄를 고백하지도 않고 뉘우치지도 않더라도 피해를 준 사람을 용서해야 한다고 기독교인들이 서로 훈계하는 것을 들을 때마다 나는 좌절하게 된다.

남편이 회개하기를 거부해도 불륜을 저지르고 있는 남편을 용서하라고 하는 목사님들 때문에, 얼마나 많은 기독교인 아내들이 견딜 수 없는 상황에 처해 있는가?

나는 목사님의 충고의 의도를 이해한다. 목사님은 아내가 남편을 향해 가슴속에 쌓아 두면서 자신의 행복을 파괴하고 있는 분노와 쓴 뿌리, 어쩌면 증오에서 벗어나기를 바랄 것이다. 목사님은 그녀가 그 모든 것들으부터 해방되고 남편의 죄가 그녀의 삶을 파괴하지 않도록, 하나님과 함께 교제하며 동행하는 것을 바랄 것이다. 이 의도는 전적으로 존경할 만하지만 성경적이지 않은 용서는 정답이 아니다.

6. 두 가지 결정적 조치 : 하나님에게 맡기고 개인적인 죄는 무엇이든 고백하라

나는 그 대답이 두 가지 결정적인 조치를 취하는 것에 있다고 믿는다.

첫째, 당신에게 죄를 지은 사람을 하나님께 넘기거나 맡겨라.

그의 잘못된 행동에 대해 당신이 갚아주려고 하기보다는 하나님께서 그 사람을 살피도록 내버려두라. 성경은 복수를 사람에게 속한 것이 아니라, 하나님께 속한 것이라고 가르친다(롬 12:19 참조).

그 이유는 하나님만이 상대방의 행동뿐만 아니라 동기까지도 모두 알고 있기 때문이다. 그리고 하나님만이 판

단하신다. 그래서 자신을 부당하게 대했던 사람 때문에, 쓴 뿌리에 사로잡힌 사람은 모든 것을 아시는 하늘 아버지에게 상대를 맡겨야만 한다. 하나님은 그 사람을 위해 정의롭고 올바른 일을 하실 수 있다.

사도 바울은 어린 디모데에게 이렇게 말하였다.

> 알렉산더가 내게 해를 많이 입혔으매 주께서 그 행한 대로 그에게 갚으시리니 너도 그를 주의하라 그가 우리 말을 심히 대적하였느니라(딤후 4:14-15).

알렉산더가 뉘우치지 않았기 때문에 바울은 알렉산더를 용서하지 않았을 뿐만 아니라, 알렉산더도 그를 부당하게 대할 수 있으므로 바울은 디모데에게 경계하라고 경고했다. 바울은 알렉산더를 손쉽게 용서함으로써 문제를 은폐하지 않았다. 대신 그는 알렉산더를 하나님께 넘김으로써 책임 있는 일을 했다. 나는 바울이 이 결정을 내린 후, 그가 알렉산더를 전혀 신경 쓰지 않았다고 생각하지 않는다. 그는 정의롭고 자비로운 하나님께 가해자를 넘겨주는 의식 있는 행동을 택하는 방식으로 분노를 다루었다.

베드로는 예수님 역시 비슷한 접근법을 취했다고 언급한다. 그리스도의 고통을 언급하면서, 베드로가 말했다.

> 욕을 당하시되 맞대어 욕하지 아니하시고 고난을 당하시되 위협하지 아니하시고 오직 공의로 심판하시는 이에게 부탁하시며(벧전 2:23).

한 인간으로서 예수님은 자기에게 잘못한 자에게 복수하는 특권을 취하지 아니하였고, 오히려 하나님이 옳게 심판하실 것을 알고 모든 상황을 하나님께 맡겼다.

종종 우리가 해를 입었을 때, 문제를 압박하지 않고 정의를 요구하지 않는다면, 아무도 그렇게 하지 않을 것이라고 생각한다. 사실 하나님은 우리보다 판사가 되기에 훨씬 더 나은 위치에 있다. 하나님이 당신을 대신해서 가능한 최상의 조치를 취하시리라는 것을 안다면, 잘못한 친구와 그의 잘못을 하나님께 맡겨라. 하나님은 당신보다 더 의로움에 관심을 기울이신다.

둘째, 결정적인 단계는 죄를 지은 사람이 자신의 죄를 고백하는 것이다.
기억하라, 분노 그 자체는 죄가 아니다. 그러나 종종 분노는 우리를 외적 폭발이나 내적 폭발과 같은 나쁜 행동으로 이끈다(제6장 참조). 그래서 화가 난 직원이 돌아와 상급자를 총으로 쏘는 것은 죄악이다. 그들은 스스로 잘못을 저지르고 있고 문제를 더 복잡하게 만들고 있다. 하지만 우리가 우리를 부당하게 대했던 사람에게 말로 비난을 퍼붓거나 신체적 폭력을 행사한다면, 우리도 죄를 짓는 것이다. 그리고 내적 분노를 잊지 말자. 마음속에 품고 있는 분노는 종종 쓴 뿌리와 증오가 되고, 성경은 이 두 가지를 죄로 보고 비판한다.

앞 장에서 지적했듯이 분노는 결코 주민이 아닌 방문객이 되어야 한다. 성경은 "분함과 노여움과 악의와 비방과 너희 입의 부끄러운 말"을 스스로 제거하라고 도전한다(골 3:8 참조). 당신이나 내가 우리 자신의 상처와 분노에 사로잡히게 되면, 우리는 더 이상 하나님께 집중하지 않고, 그릇된 열정에 죄책감을 느낀다. 만약 우리가 하나님의 도움과 지도가 필요한 때가 있다면, 그것은 친구나 가족 구성원이 우리에게 잘못할 때이다.

이 시점에서 기도는 필수적이다. 다음의 기도는 당신 자신의 내적 혼란을 해소하기 위해 이 두 단계를 밟는 데 도움이 되리라고 본다.

"아버지, ○○○ 때문에 느끼는 고통, 상처, 분노, 쓰라림을 아시지요. 그 사람이 나한테 무슨 짓을 했는지 아시지요. 화해하려고 온갖 노력을 다 해 보았지만, 그 사람은 잘못된 걸 바로잡으려고 하지 않습니다. 당신은 그 사람이 내게 보이는 반응과 변하지 않는 생활 방식을 알고 있습니다.

제가 그 사람을 어떻게 할 수 없다는 것을 아시지요. 내가 원하는 대로 그 사람이 하도록 할 수 없습니다. 그래서 저는 ○○○을 당신에게 맡깁니다. 당신은 정의롭고 정직하신 하나님이시고, 앞으로 당신이 그를 제대로 대하실 것임을 알기 때문입니다. 그래서 저는 ○○○을 당신의 손에 맡기고, 당신이 가장 좋은 것으로 그 사람의 삶 속에서 역사하시리라는 것을 믿습니다.

또한, 그 사람의 잘못이 나를 삼키도록 버려 두었음을 고백합니다. 저는 분노, 상처, 실망, 좌절에 사로잡혔습니다. 그 사람에게, 때로는 이런 일이 일어나도록 허락한 당신에게 원망하는 마음을 품어 왔습니다. 이런 것이 잘못되었다는 것을 고백합니다. 그리고 그리스도가 저의 죄의 값을 치르셨다는 것에 감사드립니다. 저의 잘못된 태도를 용서하여 주옵소서.

주의 영이 마음과 정신을 가득 채워서, 주의 생각을 생각하고, 상황에 도움이 될 일만 하도록 저를 도와주옵소서. 상대방이 한 짓 때문에 제 인생이 망가지기를 원하지 않습니다. 그리고 그것이 당신이 바라는 바가 아니라는 것을 알고 있습니다. 말씀을 읽을 때, 올바른 기독교인 친구를 만날 때, 도움이 될만한 기독교서적을 찾을 때, 당신의 손에 제 인생을 다시 두고자 할 때, 오늘 저를 인도하옵소서. 당신을 따르고 싶습니다. 당신의 목적을 달성하고 싶습니다. 오늘이 제게 새로운 시작의 날이 되게 하옵소서. 그리스도, 나의 구원자, 주님의 이름으로 기도 드립니다. 아멘."

진심으로 드리는 기도는 기독교인의 에너지를 올바른 방향으로, 하나님의 친교와 지혜를 구하는 방향으로 쏟게 할 것이다. 상대방이 잘못을 고백하고 뉘우칠 때, 우리는 용서할 준비가 되어 있고 관계를 재정립하는 일을 해야 한다.

그동안 다른 사람이 우리에게 한 일 때문에 우리 삶을 위한 하나님의 목적이 좌초되지 않는다는 것을 알기에, 우리는 하나님과 교제를 하면서 빛 가운데 걷는다. 실은 성경에 따르면, 하나님은 우리에게 가해진 잘못 조차도 긍정적인 것으로 바꿀 것이라고 말한다(롬 8:28-29 참조).

이런 행동을 한다고 해서 당신에게 잘못한 사람과의 교제가 회복되지는 않지만, 당신을 해방시켜주고, 삶을 계속 살아 가도록 하고, 보다 건설적인 방식으로 시간과 에너지를 사용하도록 할 것이라는 점을 분명히 말하고 싶다.

7. 우리의 죄를 용서해 주소서

이 장에서는, 우리는 우리에게 죄를 지은 가족과 친구와 맞서고, 화해해야 할 책임에 대해 주로 이야기하였다. 그러나 예수님이 하신 다른 말씀도 있다. 우리의 죄와 관련이 있다. 그의 지시가 분명하다.

> 그러므로 예물을 제단에 드리려다가 거기서 네 형제에게 원망들을 만한 일이 있는 것이 생각나거든 예물을 제단 앞에 두고 먼저 가서 형제와 화목하고 그 후에 와서 예물을 드리라 (마 5:23-24).

우리는 타인에게 죄를 지을 때, 우리 자신의 죄를 고백하고 뉘우칠 책임이 있다. 우리는 타인에게 부당한 짓을 했거나, 했다는 것을 깨닫는 즉시 주도적으로 움직여야 한다. 그래서 영민한 독자라면 내가 타인에게 죄를 지었든, 누군가가 나에게 죄를 지었든, 주도적으로 화해를 도모할 책임이 자신에게 있다는 것을 분명히 안다.

만약 내가 누군가에게 죄를 지었으면, 그 사람은 내게 분노를 느끼고 있을 것이다. 만약 그 사람이 내게 죄를 지었으면, 난 분노를 경험할 것이다. 분노는 잘못을 바로잡고자 건설적으로 행동하고, 상대방과 관계를 회복하도록 우리에게 동기부여를 하는 것이고, 이것은 하나님의 계획 가운데 있다.

긴급 처방
누군가가 당신에게 잘못했을 때, 용서하는 법

(1) 잘못한 사람을 꾸짖으라
상대방에게 잘못을 환기시키라. 당신이 감정적으로 진정된 후에만 이렇게 해라.

(2) 상대방이 잘못을 인정하고, 앞으로 그런 잘못을 하지 않겠다고 표현할 때까지 기다리라
그렇게 하면, 그 사람을 용서해야 한다.

(3) 상대방이 뉘우치고 나서도, 그 사건으로부터 지속적으로 상처받을 수 있다는 것을 알고 있어라
당신은 여전히 분노나 실망으로 몸부림칠 수도 있을 것이다. 하지만 용서는 그 사람이 한 일에도 불구하고, 그 사람을 받아들이겠다는 약속을 수반한다는 것을 기억하라.

분노의 최상의 치료책은
미루는 것이다.

세네카(Seneca)

제9장

배우자를 향한 분노

"결혼하기 전에는 성질을 낸 기억이 없어요."

댄이 결혼 전에 대한 기억력에 결함이 있는지 모르지만, 한 가지 확실한 것은 세라가 그의 분노를 불러일으켰다는 것이다.

"그녀가 어떤 말을 하거나 '그런 눈빛'을 보낼 때, 나는 화가 납니다."

새라는 빈정거리고 뻔히 속이 보이는 발언을 하곤 했다.

"부서진 의자를 고칠거야?

못고치면 내가 아빠한테 오셔서 고쳐달라고 할까?"

새라가 고개를 갸웃하고 그를 빤히 쳐다보자 댄은 다시 '그 눈빛'이 떠올랐다.

"그런 눈빛은 천 마디의 비난하는 말보다 더 나빠요. 그녀의 눈 속에서 볼 수 있는 것은 '당신과 결혼해서 속상해'라는 겁니다"라고 말한다.

댄은 새라가 자존심을 건드렸기 때문에 화가 났다. 우리 대부분은 사랑받고, 받아들여지고, 인정받고 싶어한다. 우리는 비난받을 때, 방어적으로 대응하는 경향이 있다. 새라는 자신이 댄의 인격이 아니라 행동을 비난하고 있다고 주장할 수 있지만, 우리의 행동은 존재의 연장선상에 있기 때문에 댄을 포함한 우리들 대부분은 구분하기 어렵다. 댄의 깊은 내면에 있는 어떤 것이, "아내가 나를 무시하는 것은 옳지 않아"라고 말한다.

새라의 목소리 톤은 그녀 역시 화가 났음을 나타낸다. 그녀는 댄이 집안에서 자기 몫을 제대로 하고 있지 않다고 결론을 내린 것 같다. 그는 부서진 의자는 고치지 않은 채 전화기만 만지작거린다. 그녀가 쓰레기를 치우는 동안 그는 TV에만 빠져있다. 그것은 절대 그녀가 사랑하는 남편 상이 아니다.

결혼한 부부들은 모두 분노를 경험한다. 분노를 경험하는 것은 잘못된 것이 아니다. 비극은 수천 쌍의 부부들이 분노를 생산적으로 처리하는 법을 배운 적이 없다는 것이다. 그래서 상황을 더 악화시킬 뿐인 비난을 하면서 폭발하거나, 서로 보지 않고 고립된 침묵 속에서 고통을 겪는다.

우리 대부분은 자신의 어린 시절을 떠올릴 때, 비가 와서가 아니라 부모님의 서로를 향한 분노 때문에 망쳐버린 소풍을 기억한다.

분노를 해결하는 법을 배운 적이 없는 부모들의 말다툼으로 얼마나 많은 생일이 망쳐졌을까?

분노의 지배로 인해 얼마나 많은 휴일이 공포의 날이 되었는가?

슬프게도, 대부분의 결혼한 어른들은 분노를 적절하게 다루는 법을 배운 적이 없다. 결혼은 전쟁터가 되고, 서로 상대방이 먼저 공격했다고 비난한다. 부부가 분노를 적절하게 다루는 법을 배우지 않는다면, 결코 만족스러운 결혼 생활을 하지 못할 것이다. 사랑과 통제되지 않는 분노는 공존할 수 없기 때문에 나는 "결코"라고 말한다. 사랑은 배우자의 행복을 추구하지만 억제되지 않은 분노는 상처를 주고 파괴하려 한다.

> 내가 그녀의 눈 속에서 볼 수 있는 것은 '당신과 결혼해서 속상해'이다.

1. 분노 조절의 여섯 가지 핵심 요소

좋은 소식은 부부들이 책임감 있게 화를 다스리는 법을 배울 수 있다는 것이다. 사실, 그들은 살아남기 위해 배워야 한다. 나는 분노를 다루는 법을 배우는 것이 쉬운 과정이라고 말하는 것이 아니다. 나는 그것이 꼭 필요한 과정이고, 어떤 부부도 성공할 수 있다고 말하는 것이다. 제3장에서 기술한 분노 조절 원리를 바탕으로 결혼에서의 분노를 다루기 위한 6단계 전략을 제안한다.

1단계 : 분노의 실체를 인정하라.

결혼 생활 중에 우리 각자는 가끔 분노를 경험하게 될 것이다. 이러한 분노의 일부는 배우자의 잘못된 행동에서 비롯된 분명한 분노가 된다. 또한, 분노의 일부는 벌어진 일을 오해하게 되면서 왜곡되기도 한다. 우리는 각각 두 가지 유형의 분노를 고르게 경험할 것이다. 이것은 인간으로서 함께 살아가는 삶의 일부분이다.

분노는 죄가 아니라는 것을 기억하라. 오히려 분노는 우리가 공정함과 정의에 관심을 갖고 있다는 증거이다. 그러므로 우리는 화를 경험했다고 우리 자신이나 서로를 비난할 필요도 없고, 화가 났다는 것을 부인할 필요도 없다.

우리가 서로에게 분노를 느낄 수 있는 권리를 줄 때, 우리는 서로에게 인간이 될 수 있는 권리를 주는 것이다. 이것이 분노를 긍정적으로 처리하는 법을 배우는 출발점이다.

2단계 : 서로의 분노를 인정하는 것에 동의하라.

서로 화가 날 때는 상대방에게 자신이 무엇을 느끼고 있는지를 알게 하라. 그렇지 않으면, 배우자는 당신의 행동에 근거해서 추측해야 한다. 이런 '추측 게임'은 시간 낭비일 뿐, 대개는 그다지 정확하지 않다. 만약 당신이 배우자에게 화가 난다면, 그것은 상대방이 당신이 부적절하다고 생각하는 행동을 하거나 말했기 때문이고, 당신이 기대했던 것을 하지 않았거나 말했기 때문이다.

마음속으로 생각할 때, 상대방은 당신에게 잘못했다. 상대방이 당신에게 불친절하게, 부당하게, 혹은 부적절하게 대해왔다. 당신은 그 행동을 사랑이라고 보지 않는다. 그때 그 일, 즉 배우자의 부적절한 행동이 두 사람 사이의 장벽이 되었다. 당신의 배우자는 이것을 알 자격이 있다. 그는 모르는 문제를 해결할 수는 없다.

우리는 배우자가 언제 화가 났는지, 무엇에 대해 화났는지 알아야 할 자격이 있다. 서로에게 알려 주기로 약속한 부부는 화를 생산적으로 해결하는 데 중요한 걸음을 뗀 것이다.

3단계: 상대방을 공격하는 언어적 또는 물리적 폭발은 분노에 대한 적절한 대응이 아니라는 데 동의하라.

이처럼 건강하지 않은 분노의 분출은 항상 파괴적이며 적절한 행동으로 수용해서는 안 된다. 당신의 배우자와 당신이 일단 이렇게 동의하는 것이, 둘 중 어느 누구도 다시는 '성질을 내지 않는다'는 것을 의미하는 게 아니다. 하지만 그것은 당신이 그렇게 할 때, 그 반응은 잘못된 것이라고 인정하라는 의미이다. 분노의 폭발적 표현은 항상 상황을 더 악화시키고, 그러한 폭발로 인한 파편들은 우리가 원래의 분노를 자극한 사건을 건설적으로 다루기 전에 제거되어야만 한다.

이러한 부정적인 폭발의 습관을 깨버리는 한 가지 현실적인 방법은 두 사람 중 한 사람이 폭발하기 시작할 때 다른 한 사람이 방에서 걸어 나가고, 방으로 따라오면 집 밖으로 걸어 나가는 데 동의하는 것이다. 만약 배우자가 소리지르고 비명을 지르면서 마당에서 당신을 쫓아오면, 당신은 이웃집이나 주변으로 뛰어가는 것이다. 둘 다 이 전략에 동의한다면, 상대방이 걷거나 뛰기 시작할 때가 각자 이제는 멈춰서 무슨 일이 벌어지고 있는지 되돌아볼 때라는 것을 알게 될 것이다.

희망 사항은 걷거나 뛰기를 마치고 돌아오면, 배우자가 진정되어 "미안해. 당신에게 폭발한거 내가 잘못했어. 내가 너무 상처받고, 화가 나서 자제력을 잃어 버렸어. 미안해. 용서해줘"라고 말하는 것이다.

그후 당신은 상대방의 순간적인 실수를 용서하고, 원래 상대방의 화를 불러일으킨 문제를 살펴볼 수 있게 된다.

4단계: 판단을 내리기 전에 설명을 구하는 데 동의하라.

배우자에게 화가 나면, 처음 드는 생각은 상대방의 행동이 잘못되었다는 것이다. 하지만 상대방의 말을 들을 때까지는 이런 처음 생각을 항상 잠정적인 것으로 간주해야 한다. 우리는 종종 배우자의 말과 행동을 잘못 이해한다. 예를 들어 그는 스스로 쪽지까지 썼지만, 집에 우유를 사오는 것을 잊었다.

그녀는 이것을 무책임하다고 해석하고 분노한다. 하지만 아마도 그 가게에는 우유가 다 떨어졌든지, 그가 사무실에서 동료 한 명을 집으로 데려오는 바람에 가게에 못들렀다든지 또는 그는 그녀가 저녁 식사 준비를 할 때는 우유가 필요 없다는 걸 알아서, 린지를 체조 수업에서 데려올 때 우유를 사려고 했을지도 모른다. 그녀가 해명을 듣고자 한다면, 그의 관점에서 들을 때까지 무책임하다고 느끼는 그녀의 판단을 잠정적으로 보류해야 할 것이다.

롭은 아내가 "늦었고, 늦는 것을 참을 수 없어"라고 전화로 말하는 것을 들었을 때 자신에게 하는 소리라고 들었다. 그는 제시간에 도착하려고 온갖 노력을 다했고 겨우 2분 늦었기 때문에 화가 났다. 그가 설명을 요구하자, 실제로는 그녀가 예정일보다 2주 늦게 태어난 친구의 아기에 대해 이야기하고 있었다는 것을 알게 되었다. 행동과 말이 오해받기 쉽다면, 동기는 더욱 더 그렇다. 동기는 내면적이기 때문에, 우리는 다른 사람이 우리에게 말하지 않는 한 결코 다른 사람의 동기를 알 수 없다. 우리는 종종 배우자에게 전혀 근거 없는 동기로 탓한다.

조나단이 다음과 같이 말한 것은 현명하게 행동한 것이다.

"내가 정말 이 명세서를 잘못 읽고 있는지도 몰라. 그래서 설명을 좀 듣고 싶어. 내가 보기에는 당신이 메이시 백화점에서 300달러를 쓴 것 같아. 빚을 다 갚기 전까지는 100달러 이상을 쓸 때는 서로 상의하고 쓰기로 합의했다고 생각해."

그는 베다니의 반응에 충격을 받았다.

"자기야, 설명할 수 있어. 우리 회사 부서에서 다같이 벳시에게 은퇴 선물을 사드렸어. 내가 쇼핑몰에서 진저와 만나기로 해서, 점심 시간에 내가 가져오기로 했어. 그래서 내 비자카드로 전액을 지불했고, 20달러씩 받았어. 내 지갑에 있어. 내 생각엔 300달러가 있는 것 같아. 내가 낸 건 세금뿐이야."

조나단은 300달러를 보자, 화가 가라앉았다. '결혼 강화 수업'과 '분노를 다루는 법'을 배우기 전인 6개월 전에는 그의 반응이 어땠었는지 기억하자 미소가 지어졌다. 그는 얼굴이 점점 빨게 지고, 베다니가 한 일에 대해 소리를 질렀던 일이 떠올랐다.

그는 큰 소리로 말했다.

"나는 정말로 발전하고 있어."

베다니는 물었다.

"무슨 말이야?"

조나단은 이제 미소를 짓고 있다.

"우리가 결혼 강화 수업을 듣기 전에 내가 어떻게 반응했었는지를 방금 떠올려보고 있었어.

나는 화를 내기만 하고, 설명을 들으려고 하지 않았을 거야. 당신이 무슨 일이 벌어졌는지를 말해 주면, 그때서야 어리석었다고 느꼈을 거야. 난 우리의 새로운 방법이 훨씬 좋아."

조나단과 베다니는 최후 판단을 내리기 전에 설명을 해달라고 요청하는 것이 유익하다는 것을 알게 되었다.

5단계 : 해결을 찾는 일에 동의하라.

조나단과 베다니의 경우, 조나단의 분노는 베다니의 설명을 듣자 해소되었다. 분명 모든 분노의 해소가 쉬운 것은 아니다. 베다니가 실제로 약속을 깨고 상의 없이 100달러 이상의 물건은 사지 않기로 동의한 후 300달러를 썼다고 생각해 보자.

그리고 그녀의 설명이 다음과 같다고 생각해 보자.

"하지만 자기야. 할인을 하더라고. 200달러나 할인이었어. 우린 그게 필요해. 난 자기가 반대할거라고 생각을 안했어."

조나단과 베다니는 다음과 같이 말하고, 대답한다.

"아니 난 반대야. 가지면 좋지. 하지만 우리는 그게 진짜 필요한 것은 아니야. 그것 없이도 잘 살아왔어. 300달러를 더 빚질 여유가 없어. 약속을 했지만 자기가 약속을 깼어. 이건 잘못된 거라구."

"난 자기 반응에 충격을 받았어. 난 정말로 자기가 반대할 줄 생각도 못했어. 자기도 나만큼 원할 거라고 생각했어.

"나도 정말 원해, 자기야. 난 갖고 싶지만, 그걸 살 여유가 없어. 그리고 우리는 구매 상한선을 정했고, 우리가 동의한 것을 지켜야 한다고 생각해."

"음, 자기가 그렇게 주장한다면 내가 받아들일게. 그러고 싶지 않지만 그렇게 할게."

"이건 원하는 것에 대한 문제가 아니야."

그의 목소리는 확고하지만 크지 않다. 그는 감정을 조절하고 설명을 한다.

"나도 갖고 싶어. 하지만 결론은 우리는 지금 여유가 없다는 거야. 나도 우리가 여유가 있으면 좋겠어. 하지만 나도 자기도 우리 상황을 알고 있잖아."

"오케이. 그렇다면 내가 받아들일게."

조나단이 그녀의 어깨에 손을 두르고 덧붙인다.

"좋아. 내가 사랑하는 거 알잖아. 언젠가는 우리가 살 수 있을 거야."

"자기가 날 사랑하는 것 알지. 생각해 보니 잘못된 결정이었네. 우리가 동의한 걸 지키게 해줘서 고마워."

어떤 이들은 이렇게 묻는다.

"이건 너무 이상적이지 않나요?"

분노를 책임 있게 다루는 법을 배우고, 서로 사랑하는 부부에게는 그렇지 않다라는 것이 내 대답이다.

6단계: 서로를 향한 사랑을 확인하는 일에 동의하라.

분노가 해소된 후, 서로에게 사랑한다고 말하라. 그럴 때 당신은 다음과 같이 말하게 된다.

"이런 일이 우리를 갈라놓지 못하게 할거야."

부부로서 당신은 서로가 말하는 걸 듣게 되고, 문제는 해결되고, 경험을 통해 배우게 되고, 함께 나아가게 된다.

나중에 오해로 판명되는 인지된 잘못에서 비롯된 왜곡된 분노의 경우, 해결책은 설명을 듣고, 사건의 원래 해석이 잘못되었다는 것을 알게 되는 것이다. 분명한 분노와 왜곡된 분노의 차이를 알지 못하는 사람은 자신의 분노는 늘 정당하고, 다른 사람의 행위는 늘 그르다고 추측한다. 이런 추측은 분노를 해소하지 못하고, 사실 당신의 분노가 왜곡되었다는 것을 알고 있는 배우자의 분노를 자극한다. 당신이 고집스럽게 옳다고 주장하면, 해소되어야 할 배우자의 분노만 자극할 것이다.

해소되지 않은 분노는 눈덩이처럼 굴러 결혼 생활 내내 점점 문제로 커질 것이라는 것은 자명하다. 성공적인 결혼을 위해, 책임 있는 방식으로 분노를 해소하는 것을 배우는 것보다 더 중요한 것은 거의 없다.

나는 부부가 생산적인 분노 조절을 향해 가기 위해서는 이 6단계 원칙에 진정성 있는 태도를 보여야 한다고 믿는다. 결혼은 통제되지 않는 분노로 인해 망가지면 안 된다. 기독교인은 분노를 책임 있게 다루는 법을 배우는 데 앞장서야 한다.

이 책이 수많은 기독교인의 결혼 생활에 주요 문제가 되는 분노를 대처하는 데 도움이 되기를 진심으로 바란다. 당신이 기혼자라면, 이 여섯 가지 원칙에 서로 헌신하고, 오늘 당장 시행하기를 권한다.

2. "지금이 이야기하기에 좋은 시간인가요?"

나는 부부가 시작하도록 도울 때, 종종 다음을 연습해 보라고 한다. 색인 카드에 다음의 말을 적어보라.

"지금 나는 화가 나요. 하지만 걱정하지 말아요. 나는 당신을 공격하려는 게 아니에요. 하지만 당신의 도움이 필요해요.

지금이 대화하기에 괜찮은 시간인가요?"

이 카드를 냉장고 문이나 손이 자주 가는 곳에 붙여 두라. 다음 번에 배우자에게 화가 나면 카드로 달려가 그걸 손에 쥐고, 가능한 한 침착하게 배우자에게 읽어 주어라. 만약 '이야기하기에 좋은 시간'이 아니라면, 이야기할 시간을 정하라. 그리고 정해진 시간에, 당신의 분노를 자극한 문제에 대한 설명과 해결책을 찾는 과정을 시작하라.

이렇게 간단히 적힌 것을 말로할 때, 당신은 분노를 경험하고 있음을 인정하고, 폭발하지 않기로 약속한 것을 확인하고, 대화를 통해 설명하고 해결책을 찾고자 하는 마음을 표현하게 된다.

당신이 문제를 논의하기 위해 마주 앉는다면, 다음과 같이 말하면서 시작하라.

"내가 이걸 오해할 수 있다는 걸 알아요. 그래서 당신이랑 이야기하고 싶어요. 내가 어떻게 느끼는지, 왜 그렇게 느끼는지 말할게요. 상황을 명확히 할 수 있다면 그렇게 해 주세요. 이 문제를 해결하는 것에 도움이 필요하거든요."

이런 시작은 당신의 분노를 촉발시킨 사건에 대해 논의할 수 있는 위협적이지 않은 분위기를 만들어낸다.

모든 결혼에서 분노는 이 책에서 내내 말한 이유 때문에 종종 찾아온다. 나는 분노를 적이 아니라 친구라고 믿는다. 분노의 원인과 목적을 이해하는 기독교인 부부는 건설적인 방식으로 분노를 해소하는 이런 훈련된 성경적 접근법을 실행하기 위해서, 성령의 도움을 받아야 한다.

이 수업은 당신이 배우게 될 가장 중요한 것 중 하나이며 성공적인 결혼에 필수적인 요소다.

3. 당신의 배우자를 향한 분노 다루기

당신이 배우자를 향해 느끼는 분노를 다루는 6단계가 여기 있다. 이 여섯 단계의 대부분은 분노가 일어나기 전에 마련되어 있어야만 한다. 그렇게 하면 분노가 일어날 때, 동의된 계획 때문에, 진정하게 되고, 논의를 해 나가는 데 도움을 받을 수 있다.

1단계: 분노의 실체를 인정하라.
당신의 분노가 정당하고 분명한 분노이든, 왜곡된 분노이든 분노를 경험하는 자신을 비난하지 마라. 분노 자체는 죄가 아님을 기억하면서, 분노를 인정하고 받아들여라.

2단계: 서로에게 분노를 인정하는 데 동의하라.
분노가 일어날 때 분노의 감정을 분명하게 표현하라. 당신의 행동에 비추어 당신의 배우자가 추측하게 만들지 마라. 당신과 당신의 배우자 모두 상대방이 화가 난 것과 무엇 때문에 화가 났는지를 알 자격이 있다.

3단계: 상대방에게 언어나 신체적 폭력을 가하는 것은 분노에 대한 올바른 반응이 아니라는 점에 동의하라.
이 두 가지 폭력은 모두 문제를 늘 악화시킬 뿐이다.

4단계: 판단을 내리기 전 설명을 구하는 데 동의하라.
당신의 처음 드는 생각은 잠정적일 뿐이라는 것을 기억하라. 종종 처음 드는 생각이 틀릴 수 있다. 배우자의 말과 행동을 오해하기는 쉽다. 따라서 상대방의 관점을 살펴보아야 한다. 당신이 문제를 이해하는 것을 바로잡을 수 있는, 놓치고 있는 귀중한 정보를 얻을 수 있다.

5단계 : 해결책을 찾는 일에 동의하라.

배우자로부터 더 많은 정보와 더 나은 관점을 얻게 되면, 둘 모두에게 만족스러운 해결책을 찾을 준비가 된 것이다. 분노의 감정을 해소하기 위해, 그 잘못이 정당하고 분명한 것이라면, 당신은 상대방의 고백과 회개를 요구할 수 있다. 분노가 왜곡된 것이라면, 당신의 분노는 부당하고 아마도 이기적인 것임을 인정하라. 당신 자신이 잘못을 저지른 경우라면, 고백을 하고, 용서를 구해야 할지도 모른다. 원인이 무엇이든지 간에, 두 사람 사이의 화해를 위해 노력하라.

6단계 : 서로에게 사랑의 말을 전하라.

분노가 해소된 후, 서로를 위한 사랑을 말로 하라.

당신의 배우자를 향한 분노를 다루는 이 여섯 가지 원칙은 매우 중요해서 '긴급 처방'에서 요약을 해두었다. 다시 한번, 분노가 나타나기 전에 이 여섯 단계의 대부분을 제대로 갖추고 있어야 한다는 것을 명심하라. 분노가 일어나면 논의하는 것에 도움이 될 계획을 갖고 있어야 한다. 부부 간의 이 여섯 가지 '분노 동의'를 통해 결혼 중에 일어나는 분노를 해소할 효과적인 전략을 세울 수 있게 된다.

긴급 처방
결혼 생활의 분노 합의서

(1) 분노 자체는 죄가 아님을 기억하면서, 분노의 실체를 인정하라

(2) 서로에게 화가 난 것을 인정하는 데 동의하라
배우자가 당신이 느끼는 바를 '추측'하게 하지 마라.

(3) 상대방에게 언어나 신체적 폭력을 가하는 것은 분노에 대한 적절한 행동이 아니라는 점에 동의하라
이런 폭력적 행위는 늘 문제를 더 악화시킬 뿐이다.

(4) 성급한 결론을 내리기 전에 설명을 구하는 데 동의하라
상대방은 당신의 문제 이해를 바로잡을 수 있는, 놓치고 있는 귀중한 정보를 제공할지 모른다.

(5) 해결과 화해를 찾는 일에 동의하라
분노 자체는 죄가 아닌 것을 기억하면서, 배우자로부터 정보를 얻고, 더 나은 관점을 갖게 되면, 둘 다 만족할 수 있는 해결책을 찾을 준비가 된 것이다.

(6) 상대를 향한 사랑을 확인하는 데 동의하라
해결책을 찾은 후에는 상대를 향한 사랑을 말로 전하라.

자녀에게 화내지 말라고 가르치지 마라.
화를 내고 죄짓지 않는 법을 가르치라.

리맨 애봇 (Lyman Abbott)

제10장

분노하는 자녀 돕기

싱글맘인 미셸은 일요일 점심식사를 준비하고 있었다. 그동안에 여섯 살인 엘라와 여덟 살인 윌은 작은 방에서 놀고 있었다. 미셸은 애들이 놀고 있다고 생각했다. 하지만 들리는 소리는 놀이라기 보다 전쟁 같았다. 미셸은 방에 들어가자마자 윌이 곰인형으로 여동생의 등을 때리는 것을 보게 되었다. 엘라가 울기 시작했다.

"내 책을 훔쳤어요."

윌이 말한다.

"안 훔쳤어!"

미셸은 윌의 팔을 붙잡고, 등을 후려치고, "네 방으로 가, 부를 때까지 나오지 마"라고 말한 후, 다음으로 엘라에게 돌아서서 말했다.

"오빠 물건을 건드리지 말라고 몇 번이나 말했지?"

엘라는 대답한다.

"안 건드렸어요. 난 그냥 소파에 앉아서 텔레비전을 보고 있는데, 오빠가 날 때렸어요."

미셸은 말한다.

"듣고 싶지 않아.

점심 준비할 때마다 너희 둘이 안 싸우는 날이 없네. 네 방으로 가. 점심 다 되면 부를게."

엘라는 방으로 뛰어가며 말한다.

"항상 나만 혼내!"

부엌에서 미셸은 엘라가 방문을 쾅 닫는 소리를 듣고 한숨을 쉰다. 그녀는 이 문제를 더 잘 다뤄야 하는 걸 안다.

그러나 어떻게 해야 할까?

당신의 자녀에게 분노를 건설적으로 다루는 법을 가르치는 것보다 더 중요한 부모의 책임은 없다. 하지만 많은 부모가 이 부분에서 준비가 제대로 안 되었다고 느낀다. 우리의 자녀가 분노를 부적절하게 다루는 것을 볼 때, 우리는 종종 허둥지둥하게 되고, 스스로 부정적으로 반응한다. 그래서 자녀를 훈련할 수 있는 기회를 놓치게 된다. 이렇게 허둥대는 부모였던 나는 책임을 갖고 여전히 씨름하고 있는 부모에게 크게 공감하며 이 장을 쓴다.

모든 아이들이 분노를 경험하는 것이 현실이다. 우리는 아이들에게 분노를 경험하라고 가르칠 필요가 없다. 우리의 임무는 분노를 다루는 법을 가르치는 것이다. 부모-자녀 관계의 속성상, 부모는 아이의 분노 조절 패턴을 발달시키는 일에 가장 영향력 있는 사람이다. 이것은 우리에게 고무적인 사실이다. 우리 아이들에게 긍정적인 분노 조절 능력을 부여할 수 있는 기회를 주기 때문이다. 반면에 이것은 무서운 현실이 될 수 있다. 우리가 이 부분에서 실패하면, 우리 아이들이 성인이 되었을 때 불리해지기 때문이다.

내가 전국의 부모들과 이야기 할 때, 대부분의 사람은 이 중요한 발달 영역에서 아이들을 어떻게 도와야 하는지를 배우는 데 열심이다. 내가 상담실과 육아 워크숍에서 많은 부모와 공유한 원칙을 공유하겠다. 이것은 이해하기는 쉽지만 실천하기 쉬운 일은 아니다. 원칙을 실천하는 것은 최선의 주의를 필요로 할 뿐만 아니라 성령의 도우심을 필요로 한다. 좋은 소식은 우리가 성경의 원칙을 따르려고 할 때, 성령의 도움을 쉽게 얻을 수 있다는 것이다.

1. 사랑이 최우선이다

내가 근본적이라고 믿는 바로 시작하고자 한다. **당신의 아이의 감정적인 사랑에 대한 필요를 충족시키는 일에 집중하라.**

분노에 대해 이야기하는 중 왜 사랑의 주제를 꺼낼까?

사랑은 건강한 부모와 자녀 관계의 기초가 되기 때문이다. 만약 아이가 부모의 사랑을 받지 못한다면, 아이는 더 큰 분노를 경험하게 될 뿐만 아니라, 아이를 가르치려는 부모 쪽의 모든 노력은 거부당하기 쉽다. 정신과 의사 로스 캠벨(Ross Campbell)과 공동으로 집필한 『**자녀의 5가지 사랑 언어**』(*The 5 Love Languages of Children*)에서 나는 아이의 사랑의 필요를 충족시키는 것이 중요하다고 강조한다. 아이의 감정적 사랑 탱크에 부모의 사랑이 채워지지 않으면 빈 탱크 자체는 분노의 원천이 될 것이다. 아이들의 마음속 깊은 곳에 있는 어떤 것이 끊임없이 말한다. **부모는 아이들을 사랑해야 한다.** 아이가 그런 사랑을 느끼지 못하면 부당한 대우를 받는다고 느끼고, 이것이 화를 낳는다.

아이들은 5가지 사랑 언어들(인정하는 말, 함께 하는 시간, 선물, 봉사, 스킨십)을 늘 들어야 한다. 모든 아이는 자신에게 분명히 사랑을 전달해 주는 한 가지 주된 사랑의 언어를 갖고 있다. 부모로서 우리는 자녀의 주된 사랑의 언어를 발견하고 다른 네 언어보다 더 자주 말함으로써 자녀를 가장 효과적으로 사랑할 수 있다.

그런 사랑의 표현은 무조건적이어야 한다. 자신도 모르는 사이에 많은 부모는 자녀들이 즐거운 기분으로 지내거나 부모가 원하는 일을 할 때만 사랑을 준다. 이런 부모들은 사랑의 표현을 안해야 자녀들이 자신들이 원하는 대로 할 것이라고 생각한다. 이런 일은 거의 일어나지 않는다. 그런 일이 일어난다면, 그 아이는 거의 늘 속으로 반항한다.

부모들은 자녀의 행동에 만족해서, 안아 주고, 등을 쓰다듬어 주고, 어깨에 팔을 얹어 인정하는 모습을 보여 주는 것은 아니다.

아이의 방이 폭탄 맞은 것 같더라도 부모들은 "어젯밤엔 멋진 게임을 했구나"라고 말할 수 있다. 아들이 규칙을 깨고 방에서 농구공을 던져서 화병을 깨버렸어도, 아빠는 아들과 함께 시간을 보내기 위해 아침식사를 먹으러 데리고 나갈 수 있다. 엄마는 딸이 숙제를 다 하지 않았어도 새 옷을 선물할 수 있다.

많은 부모가 묻는다.

"하지만 이 때문에 우리 아이들이 무책임해지지 않을까요?"

나의 대답은 이렇다.

"그런 사랑이 책임감을 가르칩니다."

아이는 당신이 자신을 사랑하고 있고, 당신의 사랑이 자신의 행동에 달린 것이 아니라는 것을 깨달을 때, 당신의 요구나 명령에 훨씬 더 잘 반응하고, 반항하지 않

> 우리는 아이들의 사랑의 탱크를 채우지 않고서 휴가를 떠나버린다.

을 것이다. 당신이 자녀를 무조건 사랑하고 사랑의 탱크를 가득 채울 때, 유년기와 청소년기의 분노의 주요 원인 중 하나를 제거하게 된다.[1]

우리 아이들이 듣고 느껴야 할 메시지는 "네가 무슨 일을 해도 나는 너를 사랑한다. 내가 늘 네가 하는 일을 좋아하거나, 네가 하는 일에 동의하는 것은 아니지만, 나는 항상 너를 사랑할 거야." 부모의 사랑의 안정성을 느끼는 아이들은 인생에서 현명한 선택을 할 가능성이 훨씬 더 높다. 그리고 그들이 잘못된 선택을 할 때, 그들은 실수로부터 배우고 미래의 행동을 교정할 가능성이 훨씬 더 높다. 아이에게 무조건적인 사랑을 주는 것만큼 화를 다스리는 것을 가르치는 데 있어 더 근본적인 것은 없다.

아이는 계속해서 사랑을 필요로 한다. 사랑은 음식과 같다. 이것은 저장할 수 없다. 그래서 매일 표현을 해야 한다.

---

1   자녀의 감정적 사랑의 필요성을 충족시키는 법에 대한 추가 정보는 다음을 참조하라. Gary Chapman and Ross Campbell, *The 5 Love Languages of Children* (Chicago: Northfield, 1997, 2012).

우리는 아이들의 사랑의 탱크를 채우지 않고서 휴가를 떠나버린다. 사랑의 탱크는 위장처럼 빨리 비워진다. 현명한 부모는 아이의 주된 사랑의 언어를 찾아내고 매일 많은 양을 줄 것이며, 다른 네 언어를 규칙적으로 섞어 줄 것이다.

이 토대가 마련되면, 나는 세 가지 주요 방법이 있다고 믿는다. 이 방법들로 우리는 아이들에게 분노를 긍정적으로 다스리는 법을 가르칠 수 있다.

2. "우린 늘 서로에게 소리를 질러요"

스캇과 디는 14살 매트와 8살 미씨의 부모다. 어느 아름다운 가을 오후, 그들은 나의 사무실에 앉아 있다. 흰구름이 캐롤라이나의 푸른 하늘 위에 떠있고, 창 밖에는 눈부신 노란 잎이 산들바람에 흔들거리고 있다. 하지만 스캇과 디는 구름도 나뭇잎도 보지 않고 있다. 그들의 눈은 회색 카펫에 고정되어 있다. 스캇이 이야기를 시작한다.

"우린 아들을 키우는 일에 실패한 것 같습니다. 우리 딸은 아무 문제도 일으키지 않아요. 그런데 아들과는 늘 씨름을 합니다. 주된 문제는 아들의 분노에요. 올해가 최악이에요. 아마 아들이 지금 십 대라서 그런지도 모르겠어요."

디가 덧붙인다.

"아들이 우리를 존중하지 않는 것 같아요.

하루 종일 나한테 소리를 질러요. 내가 한 모든 일이 잘못된 것 같아요. 그리고 이제 아빠한테도 소리를 지르고 있어요. 우린 도움을 받아야 해요."

이런 사실을 알고 나는 부모와 대화를 시작하였다.

나는 스캇에게 물었다.

"매트가 소리지르고 비명을 지를 때, 아빠가 전형적으로 보이는 반응은 뭔가요?"

스캇은 대답했다.

"글쎄요. 보통 나는 침착해요. 아들의 이야기를 들으려고 하고, 아들에게 논리적으로 설명하려고 해요. 하지만 좀 지나면 아들은 비이성적이 되고, 그래서 난 성질을 내게 되고, 결국 아들에게 소리를 지르게 되죠. 이게 옳지 않다는 걸 알지만, 달리 뭘 어떻게 해야 할지 모르겠어요."

나는 디에게 질문했다.

"그러면 엄마는 어떻게 반응하나요?"

그녀는 말했다.

"우린 늘 서로에게 소리를 질러요.

나는 아들이 우리한테 그런 식으로 얘기하면 안 된다고 생각해요. 나는 매트에게 소리지르고, 아들이 집을 나가면 그때는 스캇에게 소리 질러요. 나는 남편에게 아들이 우리한테 그런 식으로 말하면 안 된다고 말하라고 해요. 난 엉망진창이 되었어요. 아마 도움이 필요한 사람은 나인지 모르겠어요."

나는 우리 대화의 초반에서 디가 마음을 열자 놀랐다. 나는 그녀가 우울하다는 것을 알 수 있었다. 그녀는 게임을 하는게 아니었다. 그녀는 진지하게 도움을 구했고, 나는 말했다.

"당신들이 오늘 찾아오셔서 기쁩니다. 첫 단계는 늘 도움을 청하는 것이라고 봐요. 수많은 부부가 비슷한 상황으로 씨름하고 있다는 걸 확인해 주고 싶네요. 거기에 답이 있다고 봐요. 하지만 무관한 것처럼 보일지도 모르지만, 문제를 파악할 수 있도록 몇 가지 질문을 하고 싶네요.

괜찮나요?"

그들은 동의했고, 나는 스캇에게 그의 어린시절을 회상해 보고, 부모님과의 관계에서 부모님이 분노를 어떻게 다스렸는지에 대해 질문을 시작했다.

그는 말했다.

"아버지는 화가 난 사람이었어요. 아버지가 항상 화가 난 것은 아니었어요. 기본적으로 좋은 분이셨지만, 한 번씩 성질을 내고, 어머니나 나한테 소리를 질렀어요."

나는 물었고, 그는 대답했다.

"그럼 아버지가 소리치면 당신과 어머니는 어떻게 대응했나요?"

"우리 둘 다 아무 말도 못했어요. 아버지가 소리치기 시작하면, 우린 대응할 필요가 없다는 걸 알고 있었어요. 대응을 하면 문제만 더 악화시킬 뿐이라는 걸 어머니가 깨달았다고 봐요. 그래서 아버지가 소리를 치기 시작하면, 어머니는 입을 다물어 버렸어요. 그게 기본적으로 내가 한 일이에요.

아버지는 한동안 식식대다가 방에서 나가버리곤 했어요. 다음 날에는 아무 일도 없었다는 듯이 행동했어요. 다시는 그 일을 꺼내지 않았어요. 다행히도 이런 일이 자주 일어나지는 않았어요. 그래서 어린 시절은 대체로 조용하고 좋았다고 봐요."

나는 계속 말했다.

"당신의 집은 어땠나요, 디?

부모님은 분노를 어떻게 다스렸나요?"

그녀는 웃다가 말했다.

"나는 이탈리아 출신 가정에서 자랐어요. 우리는 늘 시끄러웠어요. 모두가 서로서로 소리를 질렀어요. 하지만 끝나면, 끝나는 거였어요.

어느 누구도 원한을 품고 있지 않았어요. 모두 자기 할 말을 하면 끝났어요."

나는 말했다.

"스캇, 당신이 매트에게 대응하는 전형적인 방식은 침착하려 하지만 얼마 지나면 성질을 내고 소리를 되받아 친다고 말한 걸로 기억합니다.

맞나요?"

스캇은 고개를 끄덕였고, 나는 계속 말했다.

"그렇다면 당신과 당신의 어머니가 당신의 아버지가 소리칠 때 보였던 대응과 동일한 방식으로 매트에게 대응을 하고 있는 거네요.

맞나요?"

스캇은 대답했다.

"맞네요. 내가 매트에게 결국 소리를 지르는 것만 빼면 그렇네요. 나는 아버지한테 한 번도 그렇게 해본 적이 없었어요"

나는 계속 말했다.

"그리고, 디, 내가 제대로 들은 게 맞다면, 당신과 매트는 늘 서로 소리를 지른다고 말했죠. 이건 대체로 당신이 어릴 때 집에서 일어났던 상황과 비슷하네요."

그녀는 대답했다.

"맞아요. 매트가 결코 멈추지 않는다는 것만 빼면 그렇네요. 매트는 정말 멈추지를 않아요."

나는 이렇게 말했다.

"내가 이런 질문을 하는 이유는 우리 대부분은 부모님이 분노를 다루는 걸 관찰함으로써 분노 조절을 배우게 되기 때문입니다. 그리고 전형적으로, 우리는 성격을 가장 닮은 부모와 우리를 동일시합니다. 이런 질문을 한 적은 없지만, 스캇, 당신 성격이 아버지보다는 어머니를 더 닮았다고 추측합니다.

맞나요?"

그는 이렇게 대답했다.

"확실히 그래요."

"그래서 분노에 대한 당신의 가장 기본적인 반응은 침묵하는 겁니다. 한계에 다다른 뒤에야 폭발하여 아버지처럼 되는 것입니다. 당신의 부모님은 화를 다스리는 두 가지 다른 방법이 있었어요. 어머니는 침묵 속에서 물러났고, 아버지는 소리를 지르고 비명을 질렀죠.

그러니까 두 가지 모델이 있었네요. 당신 어머니와 가장 친밀한 관계를 맺었지만 가끔 아버지처럼 반응했어요.

디, 분명히 집에서 당신의 어머니와 아버지는 화가 났을 때 서로에게 소리를 질렀지요. 그게 그들이 분노를 다루는 방식이었죠. 그래서 어른으로서, 그게 당신이 일반적으로 따르는 방식이에요. 물론 당신의 결혼 생활의 차이점은 대부분 스캇이 대꾸를 하지 않고, 침묵하고, 그래서 당신은 그가 잠자코 앉아 있는 동안 할 말을 한다는 겁니다."

디가 말했다.

"네. 그리고 그게 나를 더 미치게 해요. 난 남편이 나한테 소리를 되받아 치기를 바라요. 하지만 내가 제대로 이해했다면, 당신은 매트가 당신에게 소리 지르는 걸 원치 않을 거에요. 매트는 달라요. 그 애는 아들이지, 남편이 아니잖아요. 애들은 부모에게 소리를 지르면 안되잖아요."

나는 물었다.

"당신은 부모님에게 소리를 질렀나요?"

디는 잠시 침묵하다가 대답했다.

"네. 내가 그랬던 것 같네요."

디와 스캇은 부모 양육 모델의 심오한 영향의 예시를 보여 주는 것이다. 그들은 부모로부터 어떤 대응 방식을 배운다. 이제 그들은 아들에게 '분노 조절'의 모델을 제시하고 있다.

많은 부모는 디와 스캇과 동질감을 느낀다. 종종 어른들은 자녀들이 분노에 대응하는 걸 볼 때까지, 자신들의 분노 조절 방식을 의식하지 못한다.

많은 경우, 아이들은 부모로부터 배운 것을 반영한다. 전형적으로, 매트의 경우와 같이 아이들은 그들의 성격과 가장 비슷한 부모들과 유사하게 분노에 반응한다. 매트가 어렸을 때부터, 디는 매트의 행동에 화가 났을 때, 큰 소리를 내며 분노를 표현했다. 매트는 이제 비슷한 방식으로 분노를 표현한다.

다행히도, 어른들은 파괴적인 패턴을 바꾸는 법을 배울 수 있고 분노를 다스릴 새롭고 건강한 모델을 확립할 수 있다. 나는 몇 번의 세션을 통해 디와 스캇과 함께 하면서, 우리가 이 책에서 공유했던 생각들을 그들이 이해할 수 있도록 도와주고, 그들이 열린, 애정 어린, 조건 없는 방식으로 서로 분노를 나누는 방법을 배우는 것을 지켜보았다. 때때로, 매트는 그들이 분노를 야기하는 문제들을 토론하면서 서로 말하고 듣는 것을 지켜보았다. 그는 나중에 나에게 이렇게 말했다.

"이상한 일이 벌어지고 있다는 것을 알았지만, 나는 무엇인지 알지 못했어요. 나는 부모님이 소리지르지 않고 터놓고 말하는 걸 들어 본 적이 없어요."

나중에 디와 스캇은 매트에게 무슨 일이 일어났는지 다음과 같이 말해 주었다. 그들은 분노를 다루는 자신들의 모델이 그다지 긍정적이지 않다는 것을 깨닫고 상담을 받기로 결정했다. 그들은 분노에 대응하는 새로운 방법을 배우고 있었다. 매트는 그때 별로 말을 하지 않았지만 기뻐하는 것 같았다. 하지만 그들은 어느 날 밤 디가 약간 신경이 날카로워졌을 때, 그가 상황을 파악하고 있다는 것을 알게 되었다.

매트는 말했다.

"엄마, 내 생각에 엄마가 쪽지를 적어서 아빠한테 읽어줘야 할 것 같아요."

디는 말했다.

"매트, 네 말이 맞는 것 같아. 고마워."

그들은 두 달쯤 지난 어느 날 밤 매트가 쪽지를 들고 방으로 들어왔을 때 정말 충격을 받았다.

"지금 화가 나요. 하지만 걱정하지 말아요. 공격하려는 게 아니에요. 하지만 도움이 필요해요.

지금이 대화하기 괜찮은 시간인가요?"

그들은 둘 다 웃음을 터뜨렸다.

매트는 이렇게 말했다.

"아니, 엄마, 아빠, 난 정말 진지하다고요. 화도 나고 그 일에 대해 상의하고 싶어요."

매트는 말했고, 그들은 매트에게 완전히 집중할 수 있었다.

3. 자녀에게 화 내는 법 가르치기

부모는 또한 자신들의 분노 사례를 통해 자녀를 적극적으로 **지도**할 수 있다. 부모는 아이들이 가르침을 받기 전에 성숙한 방식으로 분노를 다스리기를 바랄 수 없다는 걸 인정한다. 아이에게 신발을 묶는 법, 온전한 문장 쓰는 법, 자전거 타는 법을 가르쳐야 하는 것처럼, 자녀에게 화를 다스리는 법도 가르쳐야 한다.

아이들은 화를 표현하는 단지 두 가지의 방법을 가진다. 즉 말로 표현하고, 행동한다. 이것은 각각 긍정적일 수도 있고, 부정적일 수도 있다. 행동으로 아이는 밀거나, 밀치거나, 때리거나, 물건을 던지거나, 머리카락을 잡아당기거나, 자신의 머리를 벽에 부딪쳐 화를 표현할 수 있다. 분명히, 이것들은 분노에 대한 부정적인 행동 반응이다.

반면에 방에서 나가거나, 소리내어 100까지 세거나, 밖에서 산책을 하는 것은 아이가 화를 삭히고 건설적으로 처리할 수 있게 하는 분노에 대한 성숙한 행동 반응이다.

언어적인 측면에서, 아이가 비난하는 말을 하면서, 소리치거나 비명을 지를 수 있다. 혹은 비속어나 욕설을 할 수도 있다. 이 모든 것은 분노를 말로 표현하는 매우 파괴적인 방법이다. 반면에 매우 성숙한 아이는 부모에게 자신이 화가 났다는 것을 인정하고 그녀의 최대 관심사에 대해 얘기할 기회를 달라고 말할 수 있다. 이것은 말로써 분노를 표현하는 매우 긍정적인 방법이다.

부모의 임무는 아이에게 현재 상태를 보게 하고, 화를 보다 건설적인 방법으로 다스리는 데로 나아갈 수 있도록 돕는 것이다.

어떤 부모들은 자녀의 한계와 화를 다스리는 데 있는 불완전함을 받아들이는 것에 어려움을 겪는다. 그들은 아이가 분노의 표현에서 성숙하기를 원하고 미성숙의 단계를 인정하기를 꺼린다.

"닥쳐. 나한테 그런 식으로 말하지 마.

다시는 나한테 언성을 높이지 마.

알아 들었어?"

이렇게 말하는 부모는 자녀에게 완벽함을 기대하고 있다. 이것은 비현실적이다. 사실, 부모는 자녀에 대해 부모가 이루지 못한 성숙함을 기대한다. 한 젊은이가 내게 이렇게 말했다.

"부모님은 내게 소리를 지르면서, 소리를 지르지 말라고 하셨어요."

만약 당신의 자녀가 화가 나서 당신에게 소리를 지르고 있다면, 들어보라! 침착하게 질문을 하고 화를 표출하도록 하라. 당신이 더 많은 질문을 하고 더 열심히 들을수록, 그의 목소리는 작아질 것이다.

아이가 화를 내는 이유에 집중하고, 표현하는 방식에 집중하지 마라. 아이가 부당하거나 잘못되었다고 생각하는 것을 이해하려고 노력하라. 당신은 자녀의 인식에 동의하지 않을지 모르지만, 목적은 자녀의 의견을 끝까지 들어보는 것이다. 만약 아이가 자신이 해를 입었다고 생각한다면, 당신이 불평을 듣고 이해했다고 느낄 때까지 분노는 가시지 않을 것이다.

당신은 부모이고, 당신이 무엇을 할 것인가에 대한 최종 판단을 하지만 당신이 자녀의 감정과 생각을 중요하게 생각한다는 것을 아이가 알 필요가 있다. 자녀의 메시지 전달 방법이 당신에게 메시지를 전달하지 못하게 막지 마라.

화가 난 아이와 '듣는 시간'을 가진 후, 그날 밤 늦게 또는 다음날 당신은 이렇게 말할지도 모른다.

"네가 그 상황에 대한 화가 난 것을 나랑 얘기해줘서 정말 고마워. 우리가 늘 동의하지는 않지만, 나는 항

> "부모님은 내게 소리를 지르면서, 소리를 지르지 말라고 하셨어요."

상 네가 어떻게 느끼는지 이해하고 싶어. 나는 완벽한 부모가 아니고, 때로는 최선의 결정을 내리지도 못한단다. 하지만 난 정말 너를 위해 최선을 다하고 싶어. 우리 둘 다 감정을 좀 더 담담하게 표현하는 법을 배울 수 있으면 좋겠어. 하지만 어떻게 표현하더라도, 나는 늘 네가 어떻게 느끼고 생각하는지 듣고 싶단다."

만약 당신의 패턴이 아이와 논쟁하는 것 중 하나라면, 아마도 당신은 다음과 같이 말하면서 그 패턴을 깨버릴 수 있을 거다.

"난 우리에 대해 생각해 보았고, 내가 잘 듣는 사람이 아니라는 것을 깨달았어. 보통 네가 어떤 것에 열을 내면, 나도 결국 열을 받게 돼. 나는 정말 더 잘 듣는 사람이 되고 싶단다. 앞으로 더 많이 묻고, 진심으로 네 감정을 이해하려고 노력할게. 내가 정말로 네 생각과 감정을 소중하게 여기기 때문이야."

부모가 더 잘 들을수록, 자녀는 더 많이 이해 받는다고 느낀다. 아이는 여전히 당신의 최종 결정에 동의하지 않을지 모르지만, 당신이 아이를 한 사람으로 대했기 때문에, 당신의 아들은 당신을 존경할 것이다. 차분히 듣고 질문을 하면, 이윽고 당신의 딸이 좀 더 대화하는 어조로 화를 다스리는 법을 배우게 되고, 서로 고함치던 일은 과거의 일이 될 것이다.

만약 당신의 아이가 물건을 밀고 밀치고 던지는 식의 부정적인 행동 반응으로 분노한다면, 첫째는 분노에, 둘째는 행동에 초점을 맞추어라. 당신은 다음과 말할지도 모르겠다.

"네가 정말 화가 난 게 분명하구나. 뭐가 너를 괴롭히는지 듣고 싶지만 네가 '~~'를 하니, 대화를 할 수 없네.

걸으면서 얘기 좀 할까?"

당신이 이런 식으로 접근하는 것은 아이의 분노의 중요성을 인정해 주는 것이다. 그리고 친절하지만 확고한 방식으로 파괴적인 행동이 끝나기 전에는 얘기할 수 없다는 것을 확인시켜주면서도, 아이가 관심을 갖고 있는 문제에 대해 얘기하려는 바람을 표현해 주는 것이다.

아이의 행동 때문에 부모의 분노가 자극되는 경우가 많으며, 부모도 똑같이 파괴적인 태도로 아이에게 반응한다. 결국, 두 사람 모두 자신들의 행동에 기분이 좋지 않다. 하지만 원래 아이의 분노를 자극했던 문제를 해결하는 데는 아무 조치도 취하지 못하고 있다. 분명히, 부모와 아이는 분노 조절에 대해 배울 것이 많다.

나는 내가 제안하는 것이 하기 쉽다는 것을 말하려는 것이 아니다. 자신의 분노를 억제하는 법을 배운 적이 없는 부모들은 내가 제안하는 접근 방식대로 하는 것을 상상하기 어려울지도 모른다.

그러나 다음과 같은 점을 고려해 보라.

'**아이는** 아이이기 때문에 미성숙하다. 아이는 아직 진행 중이다. 따라서 분노 조절은 아직 성숙하지 않다. **부모들은** 나이가 더 많고 적어도 좀 더 성숙해질 시간이 있었다. 만약 우리가 성숙하게 분노에 대응하도록 발전을 못했다면, 적어도 그것이 우리의 문제이고, 우리 아이의 문제가 아니라는 것을 인정하자.'

우리 부모들이 분노를 좀 더 건강한 방법으로 다루는 법을 배울 때, 그때 우리 자녀들의 분노를 다스리는 법을 지도할 수 있는 위치에 설 수 있다. 아이들은 부모의 지도가 절실히 필요하다.

부모가 아이의 불평을 듣지 않고 왜 그런 식으로 느끼는지 이해하지 못한다면, 아이의 분노는 내면화되어 나중에 아이의 행동에 나타나게 될 것이다. 심리학자들은 이것을 수동적-공격적 행동이라고 부른다. 아이는 겉으로는 수동적이지만 속으로는 분노가 커가고 있으며 결국 나쁜 점수, 약물 투약, 성행위, 숙제 하는 걸 '잊어버리기', 혹은 아이들이 부모를 화나게 만들 것을 알면서 어떤 행동을 함으로써 분노를 표현할 것이다.

　부모들이 수동적, 공격적 행동의 극단적 위험을 이해한다면, 아이들이 화가 났을 때 그들의 말을 경청하고, 문제를 주의 깊게 듣고, 이해를 구하고, 해결책을 찾기 위해 모든 노력을 기울일 것이다.

　이것은 부모가 아이가 요구하는 것을 항상 해야 한다는 것을 의미하지는 않는다. 아이의 분노는 종종 왜곡된다. 즉 분명한 잘못보다는 인지된 잘못에 뿌리를 두고 있다. 부모의 설명은 해결을 가져올 수 있다. 중요한 것은 당신이 진정으로 자녀를 염려하고 있다는 것과 당신의 행동은 자녀에 대한 진정한 사랑을 반영한다는 것이다.

　각각의 분노 경험은 부모에게 분노의 사건을 통해 자녀를 인도하고, 문제를 다루며, 해결책을 찾을 기회를 준다. 이것이 이루어질 때마다, 아이는 분노를 말로 표현하는 일에 조금씩 더 성숙해간다. 부모가 열심히 듣고 있기 때문에 소리지르고 소리칠 필요가 적어진다. 그리고 자녀는 자기 얘기를 들어준다는 것을 확신하고 있다. 이러한 부모의 지침은 자녀에게 책임감 있게 분노를 다스리도록 가르치는 매우 효과적인 방법이다.

4. "내 얘기 좀 들어봐 …"

　대부분의 부모는 지시하는 것으로 시작하고 싶어한다.

　"네가 알아야 할 몇 가지를 말해 줄게."

　이렇게 시작할지 모른다. 의심의 여지 없이, 대부분의 부모는 아이들이 배워야 할 많은 것을 알고 있다. 그리고 지시는 효과적인 의사소통 방법이 될 수 있다. 지시를 하라. 하지만 사랑의 기초가 마련되었는지를 확실히 하라.

　이런 무조건적인 사랑은 자녀의 마음을 자라게 하는 풍요로운 토양의 일부를 제공한다. 자녀의 마음이 무조건적인 사랑, 긍정적인 모델 제시, 부모의 애정 어린 인도로 다져지지 않는다면, 지시라는 씨앗은 자라지 못한다.

　그러나 이런 것들이 제자리를 잡고, 아이의 마음이 다져진다면, 그때 지시는 아이에게 분노를 다루는 법을 가르치는 훌륭한 방법이 된다.

　부모가 자녀에게 분노와 관련된 문제에 대해 말로 지시를 내릴 많은 방법과 장소가 있다. 아이의 나이에 따라, 아이가 화를 잘 이해하고 효과적으로 다룰 수 있도록 돕는 효과적인 방법은 다음과 같다.

　어린아이에게는 분노에 초점을 맞춘 성경 이야기를 읽고 토론을 통해 흥미로운 형식으로 지시를 내릴 수 있다. 가인과 아벨, 요셉과 그의 열한 형제, 요나와 하나님을 향한 분노 그리고 예수님과 그의 환전상에 대한 그의 분노와 같은 이야기들은 모두 분노를 이해하는 데 중요한 통찰력을 제공한다. 잠언에서 찾아볼 수 있는 지혜를 읽는 것은 분노를 다스리는 방법에 대한 훌륭한 지시 사항을 제공한다. 많은 잠언은 특히 분노 조절과 관련이 있다.

　핵심 성경구절을 암기하는 것은 어린아이들을 가르치는 훌륭한 방법이다. 다음과 같은 잠언의 성경 구절을 고려해 보라.

> 어리석은 자는 자기의 노를 다 드러내어도 지혜로운 자는 그것을 억제하느니라 (잠 29:11).

> 노하는 자는 다툼을 일으키고 성내는 자는 범죄함이 많으니라 (잠 29:22).

> 노하기를 속히 하는 자는 어리석은 일을 행하고 (잠 14:17).

> 노하기를 더디 하는 자는 크게 명철하여도 마음이 조급한 자는 어리석음을 나타내느니라 (잠 14:29).

　카드에 이 구절을 적고 아이들과 같이 외우는 것은 그들과 당신의 마음에 지혜의 씨앗을 심는 것이다. 아이들이 외울 또다른 훌륭한 성경구절은 에베소서 4:26-27이다.

분을 내어도 죄를 짓지 말며 해가 지도록 분을 품지 말고 마귀에게 틈을 주지 말라
(엡 4:26-27).

좀 더 큰 아이들에게 이 책을 읽고 토론을 해 보는 것이 분노를 이해하고
다스리는 훌륭한 방법이 될 수 있다. 아이에게 분노의 주제에 관한 보고서를
써보도록 하는 것도 교육 방법이다. 보고서는 책을 읽고 인터넷을 검색하는
것뿐만 아니라, 분노의 근원과 분노를 건설적으로 다루는 방법에 대한 아이
디어를 얻기 위해 부모와 조부모들을 인터뷰하는 것도 포함될 수 있다. 이것
은 십 대나 나이든 아이에게 흥미로운 프로젝트가 될 수 있다.

일상적인 대화도 부모가 아이에게 화를 다스리는 것을 가르치는 훌륭한
방법이다. 큰 아이에게는 이처럼 공개적인 대화, 즉 아이가 질문을 하고
발언을 할 수 있게 하는 것이 분노를 주제로 이야기하는 것뿐만 아니라,
부모가 과거에 어떻게 화를 다스렸는지, 어떤 긍정적인 변화가 일어났는
지를 이야기하는 발판이 될 수 있을 것이다. 이런 가족 간의 대화에서 부
모들은 자신들이 아이였을 때와 부부로 살면서 분노와 씨름해온 이야기를
아이와 함께 나눌 수도 있다. 부모의 열린 태도는 아이나 십 대에게 자신
의 씨름을 표현하거나 질문을 던질 수 있는 분위기를 만들어 준다.

그러한 대화는 최근에 읽은 것을 아이와 공유함으로써 쉽게 시작할 수
있다. 예를 들어 이런 것이다.

"나는 일전에 분노에 대한 기사를 읽고 있었어. 많은 부모가 얼마나 자
주 아이들에게 화를 내고 실제로 아이들에게 상처를 주는 말을 하는지 모
른다고 하더라. 부모는 결코 한 말을 기억하지 못한다고 하네. 나도 그런
경우인지 궁금하네."

"글쎄, 엄마. 엄마가 그 얘기를 하니까 …."

아이의 분노보다 당신의 분노를 대화의 초점이 되게 하면, 아이는 반응
하기가 좀 더 쉽고, 당신에 대한 생각이나 당신이 분노를 다루는 방식에
대해서 어떻게 생각하는지를 알려 줄 것이다.

그러한 대화는 아이에게 매우 유익할 수 있고 부모에게도 통찰력을 가져다 줄 수 있다.

아이를 가르칠 때, 우리는 분노와 관련된 모든 것에 대한 최종적인 해답을 가지고 있지 않다는 것이 중요하다. 아이가 더 잘 알고 있다. 지금 몇 년째 당신과 함께 살고 있기 때문이다. 솔직히 말해서, 당신은 여전히 진행 중이고, 분노를 관리하는 데 있어 더 잘하고 싶다는 것을 깨닫고, 동시에 아이가 화를 낼 때, 아이의 염려를 이해하고 싶어한다. 아이들은 보통 부모가 모든 걸 아는 척하는 태도를 보이지 않는 한, 부모를 좀 덜 몰아붙인다.

아이들은 보통 우리가 실패를 기꺼이 고백하면, 우리 자신의 분노를 다스리는 일에 실패한 것을 기꺼이 용서해 주려고 한다.

"아들, 오늘 오후에 성질을 부려서 미안해. 내가 화를 잘못 다스렸고, 너한테 다정하게 말하지 못했고, 내가 말한 것 중 일부는 사실 내가 느끼는 것과는 달라. 내가 잘못했다고 깨달았다는 걸 네가 알면 좋겠어. 그리고 하나님께 나를 용서해달라고 간구했단다. 그리고 너한테도 용서해달라고 말하고 싶어."

이런 솔직한 고백은 아이의 마음속에 존경심을 불러일으키는 일에 크게 도움이 될 것이다. 아이들은 이미 우리가 한 일이 잘못되었다는 것을 알고 있다. 우리가 자백하지 않으면, 우리를 향한 그들의 존경심은 사라질 것이다. 우리가 고백하면 그들의 존경은 회복된다. 실패를 책임감 있게 다루면서, 우리는 아이들에게 분노에 대한 옳고 그름을 가르치고 있을 뿐만 아니라, 그들이 자신의 분노를 잘 다스리지 못했을 때는 실패를 고백하는 방법도 가르치고 있다.

긍정적인 부모 양육의 모델, 애정 어린 부모의 지도 그리고 비난하지 않는 가르침은 내 생각으로는 당신의 아이들에게 긍정적인 분노 관리를 가르치는 가장 강력한 방법이다.

긴급 처방

분노하는 자녀를 돕는 길

(1) 건강한 행동의 모델이 되라

당신의 자녀는 당신이 분노를 다루는 법을 보고 있다. 그리고 그것을 흉내낸다. 부모가 분노를 긍정적으로 다루기 시작하면 곧 자녀들도 분노를 다루는 데 좋아지는 것을 보게 될 것이다.

(2) 당신의 분노에 대한 이야기로 자녀를 지도하라

자녀의 이야기를 듣고, 그들의 감정을 진지하게 받아들이라. 문제를 다루고, 해결책을 찾는 것을 도와주라.

참으로 나는 전능자에게 말씀하려 하며
하나님과 변론하려 하노라.
욥기 13:3

제11장

하나님을 향한 분노

다이앤은 내 상담실에 왔을 때 우는 단계는 넘겼지만, 분노로 얼굴이 하얗게 질려 있었다. 그녀의 장녀이자 외동딸인 제니퍼가 3개월 전에 음주 운전자 때문에 죽었다. 다이앤은 충격과 상처 그리고 사라지지 않은 고통으로 견디기 힘들어 보였다. 이제 충격에서 벗어나 고통스러운 현실의 세계로 다시 돌아오게 되자, 그녀는 비극적인 상실 때문에 슬퍼하고 있었고 상실은 분노로 말미암아 더욱 심각해졌다.

이런 상황에서는 분노와 슬픔이 동반되는 경우가 많다. 다이앤은 딸을 죽인 음주 운전자에게 분노하였다. 그가 음주 운전으로 세 차례 유죄판결을 받은 후 다시 도로에 나오게 되자, 그녀는 사법제도에 화가 났다. 그리고 그녀는 제니퍼에게 '작은 차'를 사준 별거 중인 남편에게 화가 났다. 다이앤은 말했다.

"내 딸은 작은 차를 탔기 때문에 죽었어요. 그 차가 죽음의 덫이었어요."

다이앤이 자신의 생각과 감정을 공유할 때, 나는 계속 귀를 기울이면서 깊이 공감하였다. 또한, 나는 다이앤이 나와 이야기를 나누는 것이 슬픔과 분노를 다스리는 긍정적인 처방이 되는 것을 알고 있었다. 다이앤의 분노의 핵심을 발견하고, 그녀가 매우 헌신적인 기독교인이라는 것을 알게 되었고, 나는 이렇게 물었다.

"이 모든 일 가운데 하나님에 대한 당신의 감정은 어떤가요?"

"이런 말 하기는 싫지만, 솔직히 말하면 지금 하나님께 화가 나요. 하나님이 나를 버린 것 같아요. 하나님은 제니퍼의 목숨을 살릴 수 있었어요. 내 딸은 너무 어리고 재능있는 아이였어요.

하나님은 이런 일이 일어나도록 왜 내버려 두었을까요?

이해가 안 돼요."

기독교인들은 종종 비극 앞에서 하나님을 향한 분노를 경험한다. 기독교인이 헌신적일수록, 하나님에 대한 분노는 흔히 더 강해지는 것이 사실이다. 나중에 다이앤이 말한 것과 같다.

"나는 하나님을 위해 살았고, 신실하려고 노력해 왔어요.

왜 하나님은 나한테 이런 일이 일어나도록 내버려두었을까요?"

다이앤은 욥이 겪었던 것을 겪었다. 욥도 의로운 사람이었다(욥 1:8; 2:3 참조). 하나님이 욥의 재물과 가족, 건강을 잃도록 허락하셨을 때, 이 의인은 하나님께 심한 분노를 느꼈다. 욥이 말했다.

> 하나님이 나를 악인에게 넘기시며 행악자의 손에 던지셨구나(욥 16:11).

그는 살고 싶은 욕망을 잃었다.

> 수년이 지나면 나는 돌아오지 못할 길로 갈 것임이니라 나의 기운이 쇠하였으며 나의 날이 다하였고 무덤이 나를 위하여 준비되었구나 나의 날이 지나갔고 내 계획 내 마음의 소원이 다 끊어졌구나(욥 16:22; 17:1, 11).

왜 하나님이 자신의 삶에 그런 비극을 허락했는지, 욥이 다이앤보다 더잘 이해한 것은 아니었다. 그는 분명히 하나님께 분노하였다.

1. 하나님은 우리의 분노를 향해 어떻게 느낄까?

성경에서 욥을 비롯한 하나님에게 화가 난 사람들을 보면, 하나님은 분명히 분노를 비난하지 않으셨다. 오히려 하나님은 이런 사람들과 대화하시고, 그들의 분노를 이겨내도록 도와주셨다. 하지만 왜 선한 사람에게 나쁜 일이 일어났는지를, 하나님은 늘 충분히 설명해 주지 않는다.

욥기는 욥과 '친구들' 그리고 욥과 하나님 사이의 긴 담론이다. 욥의 친구들은 근본적으로 그가 잘못을 저질렀다고 비난했고, 그의 비극은 죄에 대한 하나님의 심판이라고 주장했다. 욥은 그렇지 않다고 주장했다.

욥이 하나님을 향한 분노를 표현하자, 하나님은 공감하며 듣고 난 뒤에 비난하지 않았다. 하나님은 욥에게 인간이 하나님의 방식을 항상 이해할 수 있는 것은 아니라는 것을 일깨워 주었다. 하나님은 욥에게 자신이 전

> 하나님의 부르심은 우리가 빛 속에서 그를 믿었던 것처럼 어둠 속에서도 그를 믿어야 한다는 것이다.

능하신 창조주이시며, 이 모든 것을 지탱해 주시는 자이시며, 결론적으로 그는 믿을 만한 정의의 하나님이심을 상기시켰다.[1]

결국 하나님은 욥을 비난한 친구들에게 분노하고, 그들에게 잘못을 회개하라고 권고하고, 욥에게는 그들을 위해 기도하라고 한다.

내 종 욥이 너희를 위하여 기도할 것인즉 내가 그를 기쁘게 받으리니 너희가 우매한 만큼 너희에게 갚지 아니하리라(욥 42:8).

---

1 욥기 38-41장의 하나님의 긴 담론을 참조하라. 욥은 마침내 믿음으로 대답하고, 그의 교만을 뉘우쳤다(욥 42:1-6).

욥의 궁극적인 대응은 비록 그가 이해하지 못할지라도 하나님을 믿는 것이었다. 이 경험을 통하여 욥과 하나님의 관계는 깊어졌다. 성경은 기록한다.

내가 주께 대하여 귀로 듣기만 하였사오나 이제는 눈으로 주를 뵈옵나이다 (욥 42:5).

여호와께서 욥의 말년에 욥에게 처음보다 더 복을 주시니 (욥 42:12).

2. "왜 하나님은 자녀를 더 잘 보살피지 않는가?"

분명 하나님은 그의 백성이 슬픔과 분노를 겪을 때 긍휼히 여기신다. 하나님은 우리의 분노 표출을 온전히 들으시고, 우리가 고통을 쏟아낼 때 듣고자 하신다. 하나님을 향해 분노를 느끼는 것은 죄가 아니다. 이것이 바로 인간이다. 우리는 정의에 관심을 갖고 있다. 우리가 보기에 부당한 상황에 맞닥뜨릴 때마다, 우리는 분노를 경험한다.

하나님은 전능하시고 이 사건을 피하게 할 수 있다는 것을 알기에, 우리의 분노는 자주 하나님을 겨냥한다.

"왜 하나님은 뭐라도 하지 않으시는가?"

이는 상처받은 기독교인들이 종종 묻는 질문이다. 신학적으로 하나님은 실수를 하지 않는다는 것을 알지만, 감정적으로 우리는 분노를 경험한다.

내가 이 문제를 고민할 때, 두 가지 대안이 떠올랐다. 분명히 하나님은 모든 것을 **할 수 있기** 때문이다.

첫째, 하나님은 모든 죄인을 없애버릴 수 있고, 그래서 그들의 죄악으로 유발된 고통을 지워버릴 수 있다. 하지만 인류 전체를 없애지는 않는다. 성경이 "모든 사람이 죄를 범하였으매"(롬3:23)라고 말하기 때문이다.

둘째, 하나님은 개입하셔서 모든 악의 결과를 기적적으로 피하게 하실 수 있다. 하나님은 폭탄의 폭발을 멈추고, 음주 운전자의 차의 시동을 꺼버리고, 모든 세균과 바이러스를 제거하고, 폭풍을 잠잠케 하고, 총알을 사라지게 하고, 상처 주는 말을 하기 시작하는 이의 입을 막아버리고, 스토커와 음란한 생각으로 쳐다보는 자의 눈을 잠시 멀게 하실 수 있다.

이런 이야기가 솔깃하게 들릴지 모르지만, 이것은 인간의 자유를 없애고 사람을 오직 선한 일만 하는 로봇으로 만든다. 분명히 하나님은 자유를 중시하고, 자유는 복종하는 것뿐만 아니라 불복하는 선택권을 주는 것이다. 악의 가능성이 없다면 자유는 있을 수 없으며, 악은 항상 부정적인 결과를 낳는다.

기독교인은 악 때문에 야기된 부당함에 더하여, 종종 그들이 감내하는 명백한 개인적인 불평등과 싸운다.

"이렇게 많은 나쁜 사람들은 계속 살고 있는데, 왜 내 착한 아들이 암으로 죽어야 하는가?"

"여동생은 삶을 순탄하게 사는데, 왜 나는 이토록 많은 문제를 안고 살아가는 것 같은가?"

"왜 하나님은 자신의 자녀들을 더 잘 보살피지 않는 건가?"

이러한 질문들은 우리가 제한된 관점을 가지고 있다는 사실을 환기시킨다. 성경은 우리에게 하나님의 관점을 말해 주지만, 그의 계획을 모두 드러내지는 않는다. 베드로는 우리에게 슬픔을 가져다 주는 시련이 믿음을 연단하는 일에 사용될 수도 있다고 말한다. 바울은 하나님이 모든 것에서 선한 것을 이끌어 낼 수 있으며, 모든 경험을 통하여 우리를 그리스도와 더 닮게 하려고 하신다고 말한다. 야고보는 어려움을 통해 성숙해진다고 말한다. 예수님은 사람들이 삶 속에서 하나님의 역사하심을 볼 수 있도록 때로 우리에게 문제를 주신다고 말한다(벧전 1:5-7; 롬 8:28-29; 약 1:2-4; 요 9:1-3 참조).

이 모든 긍정적인 목적이 옳다 하더라도, 여전히 개인적인 고통과 상실 앞에서 우리의 마음에 어지럽게 떠오르는 모든 질문에 답이 되지는 않는다. 하나님의 부르심은 우리가 빛 가운데 하나님을 믿었던 것처럼, 어둠 속에서도 믿는 것이다. 우리의 상황이 고통스럽게 변하였지만, 하나님은 변하지 않으신다.

3. 하나님을 향한 우리의 분노를 어떻게 다룰 것인가?

하나님에 대한 우리의 분노의 문제는 분노 그 자체가 아니라, 그 분노를 어떻게 다루느냐이다. 우리는 에베소서 4:26의 바울의 말씀을 "당신이 하나님을 향해 분노할 때, 죄짓지 말라"고 바꾸어 표현할 수 있다. 하나님에 대한 분노는 왜곡된 분노다. 하나님은 당신에게 잘못한 게 없다. 하지만 당신은 여전히 분노의 감정을 정말 느끼고 있다. 사실, 당신의 분노는 선택이 아니다. 분노는 큰 고통을 안겨주었고, 하나님이 피할 수 있게 해 주리라 믿었던 상황에 대한 당신의 반응이다.

그러므로 마음속으로 당신은 하나님이 당신을 부당하게 대한다고 생각한다. 분노는 부당하다고 인식하는 것에 직면했을 때 인간이 느끼는 정상적인 반응이다. 하나님은 우리에게 분노할 능력을 주셨다. 하지만 분노를 가지고 무엇을 **하느냐**는 우리의 책임이다. 여기가 바로 하나님이 주신 인간의 자유를 행사하는 곳이다.

하나님을 향한 우리의 분노를 책임감 있게 다루는 세 단계가 있다.

첫째, 하나님을 향한 분노를 받아들이는 것이다.
분노를 부끄러워할 필요는 없다. 분노는 공정성에 대한 당신의 관심의 증거이기 때문이다. 당신은 사물에 대한 인지를 하나님께 자유롭게 표현할 수 있다.

당신은 '하나님의 감정을 상하게' 하지 않을 것이며, 그의 분노를 자극하지 않을 것이다. 당신은 '그의 자녀'이고, 하나님은 모든 삶을 당신과 나누고 싶어 하신다. 하나님은 당신의 분노에 놀라지 않으신다. 하나님은 당신이 어떤 경험을 겪는지 알고 있으며, 당신의 생각과 감정을 공유하길 원하신다.

4. "이만하면 충분해요, 주님": 엘리야 이야기

욥 외에도 성경은 위대한 예언자 엘리야처럼 하나님에 대한 분노를 표출한 사람들에 대한 많은 이야기를 들려준다. 열왕기상 18-19장에서 엘리야는 아합 왕의 죄 때문에 그와 맞섰고, 바알 예언자들에게 '마지막 결전'을 요구했다. 그러자 백성이 대답했다.

> 여호와 그는 하나님이시로다 여호와 그는 하나님이시로다(왕상 18:39).

그 후 바알의 예언자들은 멸망했고, 하나님과 엘리야는 위대한 승리를 거두었다. 엘리야가 기도하자 하늘에서 불이 떨어지며 희생 제사가 불태워졌고, 그때 그는 초자연적 힘이 입증되는 것을 보게 되었다.

그러나 엘리야의 운명은 빠르게 바뀌었다. 이튿날 이세벨 왕후는 엘리야에게 스물네 시간 안에 그의 죽음을 보게 되리라는 전갈을 보냈다. 엘리야는 두려워서 살기 위해 달렸다. **분노**라는 단어는 이 본문에는 나오지 않는다. 하지만 우리는 엘리야의 기도문에서 다음 글을 읽을 수 있다.

> 여호와여 넉넉하오니 지금 내 생명을 거두시옵소서 나는 내 조상들보다 낫지 못하니이다(왕상 19:4).

이 절박한 기도가 있은 후, 엘리야는 잠이 들었다. 곧 천사가 "일어나서 먹어라"고 말하며, 그를 잠에서 깨웠다. 그는 주위를 둘러보았고, 머리 옆에는 뜨거운 돌 위에 구운 빵과 물병이 있었다.

> 당신은 하나님께 사건을 보는 당신의 인식을 자유롭게 표현할 수 있다. 당신은 '하나님의 감정을 상하게' 하지 않는다.

음식을 먹고 힘이 난 엘리야는 40일 동안 가서 하나님의 산 호렙에 이르니라 엘리야가 그 곳 굴에 들어가 거기서 머물렀다. 엘리야가 충분히 먹고 쉬자, 하나님은 엘리야와 그의 감정적 상태에 대해서 대화를 시작하신다(왕상 19:5-9).

엘리야의 반응은 다음과 같다.

> 내가 만군의 하나님 여호와께 열심이 유별하오니 이는 이스라엘 자손이 주의 언약을 버리고 주의 제단을 헐며 칼로 주의 선지자들을 죽였음이오며 오직 나만 남았거늘 그들이 내 생명을 찾아 빼앗으려 하나이다(왕상 19:10).

하나님의 반응은 엘리야와 논쟁을 하는 것이 아니라, 그에게 산 쪽에 서서 관찰하라고 명하는 것이다. 엘리야는 강력한 바람이 산을 가르고, 지진이 일어나고, 그 다음 불이 붙는 것을 보았지만, 이 중 어디에서도 하나님을 보지 못했다.

> 불 후에 세미한 소리가 있는지라 엘리야가 듣고 겉옷으로 얼굴을 가리고 나가 굴 어귀에 서매(왕상 19:12-13).

그러자 하나님은 엘리야와 또다른 대화를 시작했다. 엘리야는 하나님을 위해 자신이 모든 일을 했지만 이제는 수색의 대상이 되어버렸다는 낙담을 표출하면서, 거듭 기도하였다. 어떤 사람들에게는 하나님의 반응이 이상해 보일지도 모른다.

하나님은 엘리야에게 시리아의 새 왕(하사엘)을 세우게 하고, 이스라엘의 새 왕(예후)을 세우게 하고, 그의 뒤를 이을 예언자(엘리사)를 세우게 하였다.

하나님은 엘리야에게 이 지도자들이 하나님에게 반대하는 백성을 돌볼 것이라고 말하였다. 하나님은 엘리야만 하나님을 섬기는 사람이 아니라고도 하셨다. 사실 이스라엘에는 하나님을 섬기는 사람이 칠천 명이나 있었다. 엘리야는 하나님에게 받은 새로운 임무를 받고 일어나 그의 여정을 시작했다.

우리는 이 이야기에서 분노를 하나님에게 표출하는 것의 가치를 알게 된다. 하나님은 우리를 긍휼히 여기는 아버지시며, 우리의 불평을 듣고 싶어하신다. 동시에 하나님은 또한 잘못하지 않는 주 하나님이시다. 하나님이 엘리야에게 하셨던 것처럼, 우리의 현재 상황에 대한 그의 관점을 이해하도록 도와주실 것이다. 아니면 하나님은 그의 종 욥에게 했듯이, 설명 없이 우리에게 단지 그를 믿으라고 하신다.

둘째, 하나님의 메시지를 듣는 것이다.

우리의 관심사를 하나님에게 정직하게 표현할 때, 이제 우리는 하나님의 '조용한 속삭임'을 들을 수 있게 된다. 이것은 때로 믿을만한 기독교인 친구나 신실한 목사님의 설교를 통해 올 수 있다. 우리와 비슷한 길을 걸었던 신자가 쓴 기독교 서적을 읽을 때 들을 수도 있다.

하나님의 말씀은 찬송가나 복음송을 통해 올 수 있다. 아니면 혼자서 성경을 읽는 시간에 올지도 모른다. 하나님께서 말씀하실 때마다 당신이 받는 메시지와 성경이 일치한다면, 그것은 하나님의 목소리라는 것을 알게 될 것이다. 우리는 하나님의 목소리를 듣고, 고통스러운 상황에서 선(善)을 찾고, 기독교인다움을 찾는다.

결국, 우리는 삶에서 일어난 일을 받아들여야 하며, 비록 이해하지 못하더라도 하나님이 그것을 선한 목적을 이루기 위해 사용하리라는 것을 믿고자 한다. 하나님께서 친히 하시는 말씀, 성경 그리고 지혜로운 주 하나님 되시는 바로 그 인격은 그가 그렇게 하시리라는 것을 보여 준다.

듣는 것이 항상 이해로 이어지는 것은 아니지만, 하나님을 향해 적의를 품지 않고, 우리의 상황을 받아들이게 된다. 이 수용 단계는 빨리 올 수도 있고 몇 주, 심지어 몇 달이 걸릴 수도 있다. 그러나 진실로 하나님과 분노를 나누는 신자는 결국 다음과 같은 말씀을 경험하게 될 것이다.

> 그리하면 모든 지각에 뛰어난 하나님의 평강이 그리스도 예수 안에서 너희 마음과 생각을 지키시리라(빌 4:7).

이 평안과 함께 사랑하는 하나님의 손에 내 인생이 놓여있고, 일어난 일 때문에 하나님이 나를 버렸다고 느낄 필요가 없다는 확신이 생긴다. 오히려 하나님은 내가 경험한 고통의 감정에 마음이 움직이시고, 심지어 나의 분노를 그를 향한 사랑의 표현으로 해석하신다.

결국, 하나님께서 나를 사랑하시고 나의 관심사를 돌보아주실 것을 믿지 않는다면 내가 왜 분노할까?

받아들이는 평화가 찾아온 후, 다음 단계가 온다.

셋째, 하나님으로부터 다음 임무를 받을 의무가 있다고 보고하는 것이다.

우리가 살아 있는 한 하나님은 우리를 버리지 않으신다. 엘리야는 죽기를 원했지만, 하나님은 그로 하여금 왕에게 기름을 부으라고 하신다. 당신은 병들고, 낙담하고, 깊은 고통에 빠질지도 모른다. 그러나 하나님은 당신을 위한 계획을 세웠고, 그 계획들은 모두 선하다.

> 여호와의 말씀이니라 너희를 향한 나의 생각을 내가 아나니 평안이요 재앙이 아니니라 너희에게 미래와 희망을 주는 것이니라(렘 29:11).

우리가 일어나서 하나님이 우리에게 부여한 일을 하기 시작하더라도, 이는 우리의 고통이 사라졌다는 것을 의미하지는 않는다. 이것은 우리의 분노가 더 이상 우리와 하나님 사이의 장벽이 아니라는 것을 의미한다.

우리가 이 장의 첫머리에 만난 다이앤은 20여 년 전에 내 사무실에 앉아 있었다. 요즘 그녀는 여러 해 동안 해왔던 것처럼, 여신도 성경 공부반을 인도하고 있다. 그녀의 수업은 항상 붐빈다. 한 여성은 말했다.

"그녀는 자신이 가르치는 것을 경험하였다."

다이앤은 자신의 고통을 눈가림하지 않으며 매일 제니퍼를 생각한다. 지금 살아있다면 제니퍼의 삶은 어떻게 되었을지 궁금해한다는 것을 기꺼이 인정한다. 그러나 그녀는 또한 하나님께서 가슴 아픈 일을 통해 많은 것을 가르쳐 주셨음을 인정한다.

다이앤에게는 많은 풀리지 않는 질문이 있지만, 그녀는 기꺼이 대답을 기다린다. 그동안 하나님께서 인생의 가장 고통스러운 경험 속에서도 역사하심을 그녀는 믿기로 했다.

5. 가인 아니면 엘리야?

엘리야는 하나님을 향한 분노에서 벗어날 수 있었다. 반면 가인은 분노에 보이면 안 될 반응의 첫 사례로 영원히 남게 된다. 그는 아우 아벨을 외딴 들판으로 유인했고 거기서 그를 살해했다. 하나님은 가인의 죄악스러운 행동에 책임을 지게 했다. 가인의 삶은 여러 해 지속되었지만, 하나님을 향한 왜곡된 분노가 동기가 된 자신이 저지른 죄악 행위로 인해 망하였다.

하나님을 향해 분노하는 사람은 누구나 가인이나 엘리야의 사례를 따르게 된다. 가인의 사례를 따르게 되면, 우리는 사악한 충동에 굴복하여 걷잡을 수 없는 분노 속에서 우리의 삶을 더욱 힘들게 만들 일을 저지르게 될 것이다. 엘리야의 사례를 따르게 되면, 우리는 하나님과 분노를 충분히 공유할 뿐 아니라, 하나님으로부터 오는 '조용한 속삭임'도 들을 것이다. 우리가 이해를 제대로 하든, 거의 하지 못하든, 하나님도 고통을 잘 알고 있음을 알기에 하나님을 믿을 것이다.

하나님을 향한 분노를 건설적으로 다스리는 법을 배운 기독교인은 현재의 고통에도 불구하고 미래에 대한 희망을 품고 있다. 그리고 역사는 많은 신자에게 욥의 이야기를 반복할 것이다.

여호와께서 욥의 말년에 욥에게 처음보다 더 복을 주시니 (욥 42:12).

다이앤처럼 그리고 욥처럼, 우리는 하나님의 복을 받을 것이며, 하나님은 위대한 방식으로 우리를 사용하실 것이다.

긴급 처방

당신이 하나님을 향해 분노할 때

(1) 하나님께 분노하라

자유롭게 당신의 감정을 공유하라. 긍휼히 여기시는 우리 아버지 하나님은 우리의 불평을 듣고자 하신다. 동시에 구세주 하나님은 우리의 상황을 바라보는 하나님의 관점을 이해하도록 돕는다. 아니면 단순히 그를 믿으라고 요구한다.

(2) 하나님께서 어디에서 말씀하시는지 주의하라

하나님의 '조용한 속삭임'은 믿을 만한 기독교인 친구, 목사님의 설교, 책, 사건 등을 통해 전해질 수 있다. 때로는 하나님의 목적이나 평화는 음악, 기도 혹은 말씀을 통해서 전해질 수 있다. 어떤 식으로 전해지든지, 당신이 받게 되는 메시지와 성경의 말씀이 일치한다면, 그것이 바로 하나님의 말씀이라는 것을 알게 될 것이다.

(3) 추가적인 임무에 대하여 보고하라

우리가 살아있는 한, 하나님은 여전히 우리를 위해 '희망과 미래'를 가지고 있으며, 그 목적을 통해 우리는 그의 좋은 계획을 수행 할 수 있다.

자기 자신과 화평하라.
그리하면 다른 이에게 평화를 가져다 주리라.

토마스 아 켐피스 (Thomas à Kempis)

제12장

자기 자신을 향한 분노

라디오에서 현재 시각은 "오전 8시, 온도는 18도"라고 알린다. 론은 집 뒤 덱(deck)으로 가는 계단을 수리하기에 완벽한 날이라고 생각한다. 15분 후 론은 손에 망치를 들고 밖으로 나온다. 1분 후 론은 망치로 엄지손가락을 내려친다. 극심한 육체적인 고통의 소용돌이에 연이어 자신을 향한 격렬한 분노가 순식간에 뒤따른다.

'정말 어리석군!

내가 왜 못에 손을 대고 있었지?

차라리 목수를 불렀어야 했어.

난 이런 일을 잘 못하는 걸 알고 있잖아.'

론은 이 여름날의 토요일에 무엇을 경험하고 있는가?

분노가 자신을 향했다. 그는 이제 팔까지 뻗치고 그를 어지럽게 만드는 엄지 손가락의 고통이 자신의 부주의한 행동 때문이라고 믿고 있다. 스스로 계단 수리를 하겠다는 잘못된 결정을 내렸다고 결론 짓게 되자, 그의 분노는 더욱 커진다.

'정말 바보 같아. 이제 응급실로 가야 할 것 같아. 오늘은 망했어.'

카르멘은 출장을 많이 가야하는 새 직장에서 일을 하고 있다. 그녀의 친구 로즈가 여러 번 문자를 보내고, 전화를 하고, 시간을 같이 보내자는 메시지를 남긴다. 카르멘은 로즈의 메시지에 답하려고 계속 생각하고 있다.

미루면 미룰수록 죄책감은 더 커져간다. 카르멘은 로즈가 직장을 옮기는 중이고, 힘들어 하는 걸 알고 있기 때문에 더욱 그랬다. 몇 주 후에 로즈는 전화를 더 이상 하지 않는다. 카르멘은 자신에게 화가 나 있다(그녀는 생각한다. **나는 정말 나쁜 친구야**). 그녀는 로즈와 다시 연락하고 싶지만 어떻게 해야 할지 확신을 못한다.

때때로, 대부분의 사람은 스스로에 대해 분노를 느낀다. 자신이 잘못했다고 인식하기 때문이다. 우리는 부주의하게, 어리석게 또는 무책임하게 행동을 했다. 이 분노로 열이 받아서 스스로를 비난하는 생각을 한다. 카르멘과 마찬가지로 분노도 죄책감과 수치심을 동반하기도 한다.

이 책에서 언급하듯이, 분노는 어떤 사람이나 어떤 것이 잘못하거나, 부당하거나, 불의하다고 우리가 인식할 때 일어나는 격심한 불쾌감에 대한 감정적이고 신체적인 반응이다. 우리가 자신에 대한 분노를 경험할 때, 그것은 잘못, 불친절, 불의 또는 론의 경우와 같이 부주의한 행동에 책임을 져야 할 당사자가 바로 우리 자신이라는 것을 인지하기 때문이다.

1. 난 그것보다는 더 잘 할 수 있다는 걸 알아요

종종, 우리는 스스로의 기대에 미치지 못하면 자신에게 초점을 맞추어 분노하게 된다. 조나단은 젊은 경영자이자, 열심히 일하는 사람이자, 회사의 떠오르는 스타였다. 그런데 화요일 밤, 그의 아내인 킴은 자책하고 있는 그를 발견했다.

"내가 보고서에서 가장 중요한 요소 중 하나를 놓치다니 믿을 수가 없어. 동료가 그걸 언급했을 때, 그건 너무나 명백했어. 내가 그걸 놓치다니 믿을 수가 없어. 나는 멍청해 보였을 거고, 부사장이 거기 있었던 것 같아. 부사장은 그런 모임에 전혀 온 적이 없었는데. 도저히 믿을 수가 없어."

대개 제나는 긍정적이고 신이 나서 합창 리허설을 마치고 집으로 돌아온다.

하지만 오늘 밤 맥은 그녀가 조용하고 침울하다는 것을 알아차린다.

그가 물었다.

"합창단은 어땠어?"

그녀는 말했다.

"정말 끔찍했어.

내가 왜 솔로를 도전했는지 모르겠어. 난 오디션에 가지 말았어야 했어. 내 목소리는 형편 없었어. 그것보다 더 잘할 수 있었어. 무슨 일이 벌어졌는지 모르겠어. 목소리가 막 조여왔어. 까옥대는 올빼미 소리 같았어."

조나단과 제나는 자신들에게 화가 났다. 그들이 할 수 있다는 것을 알고 있는 일에 부응하지 못했기 때문이다. 그들은 최선을 다하지 않는 것은 용서받을 수 없는 일이라고 생각한다. 그래서 그들은 시시한 성과에 스스로 화가 나 있다.

우리들 대부분은 종종 부주의하거나 어리석게 행동한다. 이러한 행동들이 해로운 결과를 초래할 때, 어리석거나 부주의한 자신에게 화를 내게 된다.

브루스는 새로 리스한 차를 타고 곧게 뻗은 고속도로를 달리고 있었다. 그는 GPS에 집중하다가, 느리게 움직이는 픽업 트럭 뒤를 박아버렸다. 그는 자신에게 화가 났다.

'내가 이런 짓을 하다니!

나는 항상 앤디에게 운전할 때 문자를 보내거나 산만하지 말라고 설교해 왔다.

운전할 때 한눈 팔지 말라는 말을 몇 백 번도 넘게 했는데, 이젠 내가 이런 바보 같은 짓을 하다니!'

아마도 자기 자신에게 가장 화를 내는 영역은 자신이 강력하게 주장했던 가치관을 위반할 때일 것이다. 외도를 하게 된 기독교인 남편은 자신의 무분별한 행동에 대해 아내 탓을 할지 모른다. 하지만 그는 후에 부도덕한 일에 빠져버린 자신에 대해 격렬한 분노를 경험할 수 있다.

　헌신적인 기독교 신자인 스테이시는 직장에서 임무를 완수했다고 거짓
말을 했다. 중요한 프로젝트는 아니었지만, 그녀는 계속 미루고 있었다.
상사가 그 일을 끝냈냐고 물었을 때, 그녀는 그렇다고 대답했다.

　곤란해지고 싶지 않았고, 그 일을 끝낼 수 있을 거라고 판단했고, 이게
가장 현명한 거라고 생각했기 때문이다. 그런데 웬일인지 그녀의 상사가
알고는 그녀에게 전화를 걸었다. 퇴근 후 집으로 차를 몰고 가면서 스테이
시는 그 에피소드를 곰곰이 생각했다.

　'내가 왜 그랬지?

　거짓말할 필요가 없었어.'

　우리 자신의 도덕적 혹은 윤리적 실패에 대한 분노는 종종 죄책감을 동
반한다. 분노와 죄책감은 회개와 새롭게 하는 용서로 이어져야 한다. 이것
은 나중에 논의할 것이다. 그러나 때로 우리는 죄책감에 사로잡혀 분노를
내적으로 돌리게 된다.

2. "내 인생은 쓸모없어요" 그리고 건강하지 못한 반응들

　우리가 스스로에게 느끼는 분노의 근원이 무엇이든, 우리는 건설적으로
다루는 법을 배워야 한다. 앞서 살펴본 외적 폭발과 내적 폭발은 우리 스
스로를 공격할 수 있는 부정적인 세력이다. 다른 사람이 없는 데서나 있는
데서 우리 자신을 말로 깎아 내리면서 폭발할 수 있다.

　"나는 내가 그렇게 멍청할 수 있다는 것을 믿을 수 없어. 난 아무것도
제대로 못해.

　내가 무슨 짓을 한 거지?

　내 자신이 너무 수치스러워. 다시는 세상을 마주할 수 없을 것 같아. 그
냥 죽어버리고 싶어."

　이런 신랄한 열변은 폭력적인 신체 행위로 연장될 수 있다.

머리를 쥐어뜯고, 몸을 벅벅 긁고, 벽이나 바닥에 머리를 박고, 날카로운 도구로 몸을 베고, 심지어는 자살 시도까지 한다. 반면 우리는 자신을 정신적으로 침묵 속에 공격하면서 내적으로 '폭발'한다. 밖으로는 침착해 보일지 모르지만, 안으로는 자신에게 맹렬히 분노한다.

'나는 고통을 받아야 해. 내가 뭘 짓을 했는지 봐라. 난 정말 멍청했어. 사람들이 다시 날 믿을지 모르겠어. 난 내가 잘못이라고 알고 있는 짓을 해버렸어. 난 용서 받을 자격이 없어.'

때때로 이런 생각들은 매우 비난조다.

'내 인생은 쓸모 없다. 나는 행복할 자격이 없다. 나는 계속 살 이유가 없다.'

이것이 바로 자기 자신에 대한 분노를 내면화하는 사람들의 마음속에 일어나는 감정적인 메시지들이다. 이런 내적인 자기 비난은 종종 신체에 해로운 영향을 미치며, 보통 신체의 소화기 및 신경계와 관련된 신체적 문제를 일으킨다.

분명히 외적 폭발도, 내적 폭발도 자기에 초점을 맞춘 분노에 대한 건강한 대응은 아니다.

그렇다면 어떻게 이 분노를 건설적으로 다스릴 수 있을까?

3. 자기 자신에게 화 내는 다섯 가지 좋은 방법

자신에 대한 분노를 다스리는 긍정적인 접근법을 제안하고자 한다. 다음의 다섯 단계는 당신의 분노에 대한 건강한 반응을 나타낸다.

첫째, 분노를 인정하라.

자신에게, 신뢰할 수 있는 친구나 가족에게, 상담자나 목사님에게 분노를 인정하라. 하지만 당신이 자신을 향해 분노를 경험한다는 것을 인정하라. "나 자신에게 정말 화가 난다"는 치유의 첫 번째 표현이다.

당신의 분노와 함께 동반되는 다른 생각들과 감정들도 인정하라. 아마도 "나 자신에게 너무 실망했어. 내가 이런 일을 벌어지게 하다니 정말 바보 같아. 나 자신과 하나님을 포함한 여러 사람을 실망시킨 것 같아. 너무 무책임하다고 느끼고 있어"라고 말할지 모른다.

당신이 생각하고 느끼는 것을 가능한 한 분명하게 표현하라.

원한다면, 문장으로 써라. 큰 소리로 말해 보아라. 그리고 하나님께 기도하면서 말해 보라. 그러나 인정하고 분노를 선언하라.

둘째, 분노를 검토하라.

제4장에서 논했듯이, 자신에 대한 분노는 분명한 분노이거나 왜곡된 분노일 수 있다. 분명한 분노는 자신이 저지른 실제 잘못에서 자신에 대한 분노가 비롯되었다는 뜻이다. 왜곡된 분노는 실제적인 잘못이라기보다는 인지된 잘못에서 분노가 비롯되었다는 것을 뜻한다. 둘 다 다스려야 하지만 당신이 어떤 종류의 분노를 다루고 있는지 아는 것은 도움이 된다. 론이 망치로 엄지손가락을 때렸을 때 느꼈던 분노와 아내에게 성적으로 불성실한 남편이 느꼈던 분노 사이에는 엄청난 차이가 있다. 후자는 부도덕한 행위이고, 분노는 분명하다.

반면 망치로 엄지손가락을 때리는 것은 부도덕한 일이 아니다. 하지만 그건 부주의이다. 그래서 론은 제때 자신의 부주의를 하나님께 고백하고 용서를 받고 경험으로 배우고자 한다. 그는 "아버지, 아버지께서 주신 신체에 부주의했으니 용서해 주옵소서. 당신의 사랑과 용서에 감사드립니다. 이 아픈 경험에서 배울 수 있도록 도와 주옵소서. 당신을 사랑합니다. 엄지손가락이 낫기를 기도합니다"라고 기도할 수 있다. 그런 기도 끝에, 엄지손가락이 계속 욱신거리는 동안, 론의 분노는 가라앉는다. 그는 자신의 분노를 건설적인 방법으로 다룬다.

바람을 피운 남편은 훨씬 더 큰 문제를 안고 있다. 그는 하나님이 분명히 말한 도덕법칙 중 하나를 어겼다.

> 하나님과의 관계가 올바르다면, 다른 이와도 올바른 관계를 갖고 싶어한다.

그는 자신에게 분노를 느끼고 있으며, 그의 분노는 도덕적 잘못에서 비롯한 분명한 분노이다. 그는 분노와 더불어, 죄책감, 수치심, 당혹감을 느낄지도 모른다. 우리가 도덕적 원칙을 어겼을 때, 이 모든 것은 정상적이며, 예상되는 감정이다. 그는 부끄러운 일을 했기 때문에 수치를 느낀다. 다른 사람들이 자신의 죄악 행위를 알기 때문에 당혹스러워 한다. 그의 자신에 대한 분노는 현실적이며 반드시 다루어야만 하는데, 이것은 우리를 세 번째 단계로 이끈다.

셋째, 하나님께 잘못을 고백하고 그의 용서를 받아라.

자기 자신의 죄에서 비롯된 분노를 다스리는 적절한 방법은 오직 한 가지뿐이다. 사도 요한은 그 방법을 이렇게 규정한다.

> 만일 우리가 우리 죄를 자백하면 그는 미쁘시고 의로우사 우리 죄를 사하시며 우리를 모든 불의에서 깨끗하게 하실 것이요 (요일 1:9).

이것은 모든 성경의 분명한 메시지다. 하나님은 우리를 사랑하시고 우리와 친교 맺기를 원하신다. 하지만 그분은 거룩하시기 때문에, 우리의 죄는 그 친교를 깨뜨리며, 그는 우리를 불순종한 자녀로 취급하셔야만 한다. 이것은 그가 우리를 질책하고 징계하신다는 뜻이다(히 12:5-11 참조).

그러나 우리가 기꺼이 죄를 고백할 때, 그는 우리의 죄를 기꺼이 용서할 것이다. 이것이 바로 그리스도의 십자가의 의미이다. 그가 우리의 죄를 대신하여 벌을 받으신다. 그래서 하나님은 우리를 용서할 수 있으시고, 여전히 의로우실 수 있다. 우리가 할 일은 하나님의 용서가 필요하다는 것을 인정하는 것이다. 우리가 용서를 구할 때, 그는 항상 용서의 사랑으로 반응하고, 우리를 다시 깨끗하게 하신다. 우리는 다시 그와 친교를 누릴 수 있게 된다.

우리가 우리 자신과 하나님뿐만 아니라 다른 사람에게 죄를 지을 때, 우리는 죄를 지은 사람에게 죄를 고백하고 용서를 구해야 한다.

사도 바울은 이것을 자기 인생에서 실천했다.

> 이것으로 말미암아 나도 하나님과 사람에 대하여 항상 양심에 거리낌이 없기를 힘
> 쓰나이다(행 24:16).

우리는 하나님께 고백함으로써, 하나님에 대한 죄의식을 비워내야 한
다. 우리는 죄를 지은 사람에게 고백함으로써, 인간에 대한 양심의 가책을
비워내야 한다. 죄에 대한 진정한 회개는 언제나 우리의 잘못을 인정하고
우리가 죄를 지은 자에게 보답하고자 하는 바람을 동반한다. 고백의 첫 걸
음은 배상이다.

부정직한 삭개오는 예수님과 만났을 때 이 원칙을 입증하였다.

삭개오가 말했고, 예수님은 대답하셨다.

> 내 소유의 절반을 가난한 자들에게 주겠사오며 만일 누구의 것을 속여 빼앗은 일
> 이 있으면 네 갑절이나 갚겠나이다(눅 19:8).

> 오늘 구원이 이 집에 이르렀으니 이 사람도 아브라함의 자손임이로다(눅 19:9).

예수님은 삭개오가 배상하겠다고 했기 때문에 그를 용서한 것이 아니었
다. 그가 배상한 것이 바로 예수님을 주님으로 인정하였다는 증거였다. 어
떤 사람이 하나님과 올바른 관계라면, 그는 다른 사람과도 올바른 관계를
바랄 것이다.

남편이 불륜 관계를 회개하고 하나님께 고백하면, 하나님의 용서를 경
험하게 될 것이다. 그가 잘못을 인정하기 전에는 결코 아내의 용서를 받을
수 없다. 만약 그녀가 그를 용서하기로 한다면, 그때 그는 아내의 신뢰를
회복하고, 새로운 결혼 생활을 위해 노력할 기회를 얻게 된다.

하나님의 용서와 어쩌면 우리가 죄를 지은 사람의 용서를 경험한 우리는 이제 4단계를 시작할 준비가 되었다.

넷째, 자신을 용서하라.

자신을 용서하는 것은 당신에게 죄지은 사람을 용서하는 것과 같다. 다른 사람을 용서한다는 것은 당신이 더 이상 그에게 죄짓지 않기로 했다는 것을 의미한다.

당신은 마치 그가 죄를 짓지 않은 것처럼 그를 당신의 삶 속으로 다시 받아들이고, 그와 관계를 계속 쌓으려고 한다. 상대의 죄는 더 이상 당신과의 관계에서 장벽이 되지 않는다. 벽이 당신에게 지은 상대방의 죄를 상징한다면, 용서는 벽을 무너뜨린다. 용서는 두 사람이 다시 소통할 수 있게 하고, 서로의 말을 이해하려는 마음으로 들을 수 있게 해 준다. 용서는 한 팀으로 서로 같이 일할 잠재력을 열어준다.

제8장에서 언급한 바와 같이 용서한다고 해서 반드시 상처나 고통이나 잘못에 대한 기억이 제거되는 것은 아니다. 그러나 용서는 관계를 망치지 않게 한다. 시간이 지나면, 치유될 것이다. 용서한다고 해서 죄의 결과가 모두 제거되는 것도 아니다.

예를 들어 누군가 우리에게 죄를 짓게 되면, 신뢰는 종종 파괴된다. 용서한다고 해서 자동적으로 신뢰가 회복되지 않는다. 신뢰는 회개하는 사람이 미래에 믿을 수 있게 하여야 생기게 된다. 만약 그가 회개하고 고백한 지 몇 주, 몇 달 동안 믿을 만하다면, 신뢰는 다시 강해질 것이다.

이와 동일한 원칙은 자신을 용서할 때도 적용된다. 근본적으로 자기 용서는 선택이다. 우리는 우리의 잘못에 괴로움을 느낀다. 우리가 죄를 짓지 않았으면 좋았을 것이다. 현실은 우리가 죄를 지었다는 것이다.

그러나 우리는 또한 우리의 죄를 하나님께 고백하고 그의 용서를 받았다. 만약 우리가 다른 사람에게 죄를 지었다면, 우리는 죄를 고백하고 용서를 구한다.

그리고 우리는 관계를 다시 세우려 한다. 이제 우리 자신을 용서할 때다. 우리는 그렇게 해야만 한다. 외적으로 폭발하거나 내적으로 폭발하여 우리 자신을 비난해서는 어떠한 긍정적인 목적도 실현할 수 없다. 그런 행동은 모두 파괴적이고 따라서 우리의 분노 때문에 죄를 짓게 되는 반응이다. 이것 역시 하나님께 고백할 필요가 있다.

자신을 용서하는 것은 기도의 맥락에서 가장 잘 이루어진다. 하나님은 우리의 자기 용서를 목도할 것이다. 다음의 기도는 당신의 생각과 감정을 하나님께 표현하는 데 도움이 될 것이다.

'아버지, 내가 잘못한 것 아시죠?

나는 당신에게 이미 잘못을 고백했고, 당신이 용서하셨다는 것을 압니다. 사실, 당신은 더 이상 내 죄를 기억하지 않는다고 말씀하셨습니다. 나를 용서해 주시니 감사합니다. 지난 몇 주 동안 내가 나 자신을 내려놓고 파괴적인 말로 때리고, 살 가치가 없다고, 영원히 벌을 받아야 하고, 죽고 싶다고 스스로 말한 것도 당신은 알고 있습니다. 이런 자기 파괴적인 생각들이 당신을 기쁘게 하지 않는다는 것을 알고 있습니다.

당신이 내게 생명을 주셨고, 내가 예수님을 믿기 때문에, 나는 당신의 자녀입니다. 당신이 나를 용서한 후에, 내가 나를 비난할 권리가 없습니다. 나는 당신에게 이런 잘못된 태도를 고백하고 용서를 구합니다. 당신의 도움을 받아, 나는 내 인생에서 실패들을 영원히 지워 버리고, 앞으로 당신을 따르기로 다짐합니다.'

이런 진심으로 드리는 기도는 자신을 용서하는 결정적인 단계가 될 수 있다. 남을 용서하는 데 있어서와 마찬가지로 이러한 자기 용서가 과거의 실패에 대한 모든 고통이나 기억을 제거해 줄 수 없으며, 실패의 모든 결과를 반드시 제거해 줄 수도 없다. 예를 들어 만약 자신의 죄가 거짓말이거나 도둑질이라면, 그런 행동의 결과를 여전히 직면해야 한다.

하나님의 용서를 받아들이고 자신을 용서한다고 해서 도둑을 감옥에서 풀어 주는 것은 아니다.

용서란 과거의 실패의 속박에서 당신을 해방시켜 주고, 당신에게 미래를 최대한 활용할 수 있는 자유를 주는 것이다. 이로써 5단계로 나가게 된다.

다섯째, 긍정적인 행동에 집중하라.

당신은 이제 인생의 진로를 바꿀 수 있는 위치에 있다. 실패로부터 배울 수 있다. 종종 사람들은 실패에 대해 다시는 생각하지 않으려고 하는 실수를 저지른다. 그들의 이유는 **하나님께서 나를 용서하시고 나도 나를 용서했으니 이제 더 이상 생각하고 싶지 않다**는 것이다. 내 생각엔 이건 실수다. 사실 우리는 실패로부터 많은 것을 배울 수 있다. 성경은 하나님께서 우리에게 일어나는 모든 일에서 선한 일을 하기를 원하신다는 것을 알려준다(롬 8:28 참조). 내 역할은 하나님과 협력하는 것이다.

다음과 같은 기도는 하나님께서 반기시는 기도다.

"아버지, 과거의 실패로부터 배워야 할 교훈을 배울 수 있도록 도와주소서."

과거의 유혹에 굴복한 요인은 무엇인가?

그것이 바로 변화되어야 할 것이다. 예를 들어 당신이 술이나 약물 남용의 유혹에 빠졌다면, 술이나 마약 사용을 조장하는 상황에 자신을 두었기 때문이다. 앞으로는 이런 일이 일어나도록 해서는 안 된다.

> "아버지, 과거의 실패로부터 배워야 할 교훈을 배울 수 있도록 도와주소서"는 하나님께서 반기시는 기도다.

당신의 실패가 성적 부도덕이었다면, 당신은 그 실패를 반복하도록 조장할 환경에서 스스로 빠져나와야 한다. 당신의 죄가 하나님과 매일 QT를 하지 않아 조장된 것이라면, 매일의 스케줄에 일정을 잡아야 할 필요가 있다.

과거에 실패하게 된 원인은 무엇인가?

앞으로는 이것을 막기 위해 어떤 변화가 필요한가?

이런 질문은 건설적인 성장으로 이끌 수 있는 사려 깊은 질문이다.

과거의 실패로부터 배우는 것 외에도, 당신은 이제 미래를 더 밝게 만들기 위해 긍정적인 조치를 취해야 할 위치에 있다.

책을 읽거나, 세미나에 참석하거나, 친구들과 이야기를 나누거나, 기독교 상담자나 목사님과 상담을 할 수 있다. 이런 것은 당신의 미래를 지시해 줄 새로운 정보와 통찰력을 제시하는 종류의 조치이다. 만약 당신이 가족 구성원이나 친구에게 죄를 지었다면, 바로 지금이 그 사람에게 긍정적 행동을 하는 일에 집중할 때이다. 당신이 그 사람을 조종하여 당신을 용서하거나, 좀 더 긍정적으로 생각하게 만들라는 것이 아니다. 조종은 다른 사람을 통제하려는 수작이다.

무조건적인 사랑은 제공된 서비스에 대한 지불도 아니고, 우리가 원하는 것을 얻기 위한 뇌물도 아니다. 이것은 상대방의 삶의 질을 높이기 위한 진실한 노력이다. 우리가 상대방을 아끼는 단순한 이유 때문이다. 바로 이 일을 하나님은 우리에게 매일 베푸신다.

4. 사랑의 힘

긍정적인 행동에 관한 한, 사랑은 가장 위대하다. 성경은 우리가 타인을 위한 무조건적인 사랑의 삶을 살기로 선택한다면, "우리에게 주신 성령으로 말미암아 하나님의 사랑이 우리 마음에 부은 바"(롬 5:5) 되리라고 말하고 있다. 사랑은 하나님의 생활 방식이다. 이것이 우리를 향한 하나님의 소망의 핵심이다.

> 새 계명을 너희에게 주노니 서로 사랑하라 내가 너희를 사랑한 것 같이 너희도 서로 사랑하라 너희가 서로 사랑하면 이로써 모든 사람이 너희가 내 제자인 줄 알리라 (요 13:34-35).

사랑이란 기독교인의 뚜렷한 특징이다. 당신이 잘못을 저지른 사람을 사랑하는 긍정적인 행동을 하더라도, 당신은 당신의 사랑에 화답하라고 그를 강요할 수 없다. 하지만 이 세상에서 선을 위한 가장 영향력 있는 무기는 사랑이라는 것을 확신할 수 있다.

당신이 진정 무조건적으로, 말과 행동으로 사랑을 표현한다면, 당신은 다른 사람을 위한 가장 강력한 일을 하는 것이다. 그러나 그 사람이 어떤 식으로 대응한다 할지라도, 당신은 예수님의 가르침을 따르고 있기에 스스로 기분이 좋아질 것이다.

당신은 하나님으로부터, 어쩌면 다른 사람으로부터 용서를 받을 것이다. 그리고 당신은 자신을 용서하고 희망으로 미래를 바라보게 될 것이다.

긴급 처방

당신은 자신에게 분노하고 있는가?

(1) 당신의 분노를 받아들여라

필요하다면 적어보라. 하나님께 기도로 말씀드려라.

(2) 당신의 분노를 점검하라

그 분노는 정당한가?

아니면 불필요한 죄의식과 수치심에 매몰되어 있는가?

(3) 당신 자신을 향한 분노가 정당하다면, 하나님께 잘못을 고백하고 그의 용서를 받아라

(4) 자신을 질책하는 것보다 자신을 용서하는 것을 택하라

기도할 때, 하나님께서 당신의 자기 용서의 증인이 되게 하라.

(5) 실패를 통해 배우라

잘못이 재발하지 않도록 긍정적인 조치를 취하라.

유순한 대답은 분노를 쉬게 하여도
과격한 말은 노를 격동하느니라.

잠언 15:1

제13장

화 내는 사람에게 대응하는 법

4월의 어느 오후 내 사무실에 앉아 젊은 부부와 상담할 때, 나는 상담센터의 문을 두드리는 큰 소리를 들었다.

"잠깐만 실례할게요."

그 부부에게 말하고, 나는 일어서서 문으로 걸어갔다. 밖으로 나오자, 40대 초반의 한 남자가 있었다. 그는 곧장 온 이유를 설명하였다.

"바로 말할게요. 교회에서 내 차의 머플러(소음기)의 비용을 지불해야 돼요. 저 과속방지턱이 너무 높아요."

그는 사무실 근처에 있는 교회의 주차장을 가리키며 말했다.

"과속방지턱에 머플러가 부딪혀서 떨어졌어요. 내가 빨리 달린 것도 아니었어요. 교회가 저 과속방지턱을 설치하지 말았어야 했어요. 과속방지턱에 내 차 머플러가 찢어진 것을 보면, 다른 머플러도 찢어질 겁니다. 교회는 책임을 지고, 비용을 대야 해요."

그는 이 모든 것을 숨도 쉬지 않고 엄청 큰 목소리로 말했다. 그의 얼굴은 빨개졌다. 눈은 번뜩이고, 콧구멍은 벌렁거렸다. 나는 내가 화가 난 사람 앞에 있다는 것을 알았다.

나는 사무실 문을 닫았다(이때까지도 내 손은 여전히 손잡이 위에 있었고 문은 여전히 열려 있었다. 아마도 무의식적으로 그가 난폭해질 경우를 대비해 탈출 방법을 계획하고 있었던 것 같다).

나는 부드럽게 그에게 말했다.

"이제 당신 차에 무슨 일이 일어났는지 다시 한번 정확하게 말해 주세요."

다시 그의 성난 말이 흘러나오기 시작했다.

"내가 주차장에서 운전하고 있었어요. 과속방지턱을 넘어가다가 머플러가 떨어져 나갔어요. 언제 과속방지턱을 설치했는지 모르겠어요. 그게 너무 높아요. 누군가는 내 머플러 비용을 대야 한다고 봐요."

나는 말했다.

"이제 어느 방향으로 가고 있었는지, 어느 속도로 부딪혔는지 정확히 말해 주세요."

1. 침착해지기

그는 목소리를 조금 낮추고, 속도를 줄이며 말했다.

"나는 액티비티 빌딩에서 피스 헤이븐 로드쪽으로 가고 있었어요. 빌딩의 끝 부분에 과속방지턱이 있었어요. 왜 거기다가 과속방지턱을 설치했죠?

길에서 너무 가까이 있잖아요."

나는 물었고, 그는 대답했다.

"그런데 그게 당신 차에서 머플러를 완전히 떨어져 나가게 했나요?"

"아뇨. 아직 차 뒤에 덜렁거리면서 붙어있어요. 하지만 길에 질질 끌려요. 집에까지 운전해 가야 해서 붙들어 맬 뭔가를 찾아야만 해요. 이게 잘못된 거죠. 교회는 머플러 값을 내줘야만 합니다."

그의 이야기를 듣고 상황을 이해했다는 느낌이 들자, 나는 말했다.

"당신이 왜 화가 났는지 이해합니다. 그런 일이 저한테 일어났다면 저도 화가 났을 거에요.

저도 과속방지턱이 그렇게 높은지 몰랐어요.

그 과속방지턱이 당신의 머플러를 찢었다면, 다른 사람의 머플러도 찢게 될 거라고 봅니다. 우리는 그걸 고칠 필요가 있다고 봅니다. 교회가 머플러 수리 비용을 낼 겁니다.

우리가 할 수 있는 최소한의 일이죠. 영수증을 보내주시면, 비용처리를 확실히 해드릴 겁니다. 부부상담 중이 아니라면, 제가 내려가서 머플러를 붙들어 매는 걸 도와드릴 수 있을 건데, 할 수가 없네요. 1층에 가시면, 관리실 기사를 찾으실 수 있을 겁니다. 아마 그가 붙들어 맬 전기선을 찾는 걸 도와 줄 겁니다. 말씀을 해 주셔서 정말 감사합니다. 당신이 여기 올라와서 말해 주지 않았다면, 과속방지턱에 문제가 있는 줄 몰랐을 겁니다. 분명 과속방지턱을 고칠 필요가 있군요. 시간을 내서 올라오셔서 문제를 얘기해 주셔서 정말 고맙습니다."

이제 그는 좀 더 차분하게 말했다.

"글쎄, 나는 그냥 당신이 그걸 알고 싶어하지 않을까 하는 생각이 들었을 뿐이에요.

부부 상담을 한다고 하셨나요?"

나는 말했다.

"네."

그는 말했다.

"아, 방해해서 정말 미안합니다. 그리고 문을 두들겨서 미안합니다. 제가 너무 화를 내지 말아야 했는데 말입니다."

나는 웃으면서 말했고, 그는 대답했다.

"이해합니다. 꽤 소리가 컸어요."

"알아요. 내 스스로가 부끄럽습니다. 그토록 엉망진창으로 굴지 말았어야 했는데 말이죠."

나는 그의 죄책감을 더하고 싶지 않아서 이렇게 말했다.

"우리 모두는 가끔 자제력을 잃는답니다. 그걸 깨닫고 기꺼이 인정한다면 괜찮다고 봐요. 저도 과속방지턱이 있는 곳에 간 적이 있어요.

저도 알고 있어요. 하지만 당신이 그 과속방지턱에 대해 알려줘서 정말 감사합니다. 그리고 그걸 바로 고치겠습니다."

그는 내게서 물러서서 상담센터 문 쪽으로 걸음을 옮기면서 말했다.

"고맙습니다. 다시 한번, 방해해서 죄송합니다."

그가 문을 열고 복도로 나갔고, 나는 말했다.

"괜찮아요. 고맙습니다."

나는 그 남자를 그 전이나 그 이후로는 본 적이 없다. 하지만 나는 종종 이 경험을 화난 사람에게 어떻게 반응해야 하는지의 본보기로 삼아왔다. 아마도 내가 제대로 해냈다고 느꼈던 때이기 때문에 본보기로 삼고 있다 (그런데 나는 그 사람으로부터 머플러 청구서를 받지 못하였다. 그가 자신의 행동을 너무 부끄럽게 여겨 이름과 주소를 밝히지 못하였다고 추측할 뿐이다).

과속 방지턱은 2주 전에 설치되었다. 내가 아는 바로는, 과속방지턱이 너무 높다는 불만도 있었지만, 문제가 된 것은 그의 머플러가 유일하였다. 그 다음 주에 우리는 과속방지턱을 깎아냈다.

2. 당신이 할 수 있는 최선의 방법?

때때로 우리는 성난 사람들과 마주친다. 일부는 통제불능이다. 어떤 이들은 말로, 혹은 신체로 막 대하지 않으려고 열심히 노력하지만 속으로는 그들이 부당하다고 여기는 것에 화를 내고 있다. 당신이 자신을 부당하게 대했다고 믿는 이웃일 수 있다. 당신이 한 일이 잘못되었다고 생각하는 사람이 바로 동료 직원일 수 있다.

당신이 컨닝을 한다고 비난하는 사람이 동료 학생일 수 있다. 당신이 컨닝을 한다고 비난하거나 반대로 컨닝을 하지 않는다고 화를 내는 사람이 동료 학생일 수 있다. 그 사람이 시어머니 혹은 시동생, 아버지 혹은 아들, 삼촌 혹은 조카일 수도 있다.

혹은 머플러가 망가진 사람처럼, 이전에는 본 적이 없는 사람일 수도 있다.

이 화난 사람들에게 어떻게 대응해야 하는가?

일곱 가지 단계를 제안한다. 처음 세 가지는 매우 중요하다.

1단계: 들어라.

2단계: 들어라.

3단계: 들어라.

화가 난 사람에게 할 수 있는 최선은 그의 이야기를 듣는 것이다. 그 말을 들을 때, 그에게 다시 한번 말해 달라고 부탁해라. 두 번째 들을 때, 상황을 명확히 하기 위해 추가 질문을 하라. 대답을 하기 전에 적어도 세 번은 들어라. 그래서 나는 성난 사람들에게 반응하는 첫 세 단계를 듣는 것이라고 본다.

첫째, 경청에서 당신은 화난 사람이 있다는 것을 알게 되고, 그 사람의 이야기와 그녀가 화 내는 이유의 핵심을 알게 된다.

둘째, 경청에서 그녀는 당신이 진지하게 받아들이고 있고, 무슨 일이 일어났는지 정말로 이해하고 싶어하며, 그녀의 분노를 비난하지 않는다는 것을 알기 시작한다.

셋째, 경청에서 그녀는 세부 사항을 모으고, 당신이 자초지종을 확실히 알 수 있도록 한다.

이 시점에서, 그녀는 대체로 당신이 그녀를 이해하려고 노력하고 있다는 것을 감지하면서 진정하기 시작한다. 화가 난 사람이 모든 걱정에서 벗어나게 하려면, 적어도 세 번, 때로는 네 번을 들어볼 필요가 있다.

이야기를 철저히 듣기 전에 노여움에 대응하면, 당신은 화를 누그러뜨리지 못한다. 당신은 악화시킬 것이다. 화가 난 사람의 마음속에는 깊은 모욕감이 있다. 그는 당신이 연관되어 있거나 도울 힘이 있다고 생각하기 때문에, 당신에게 분노를 표출하고 있다. 당신이 그의 말을 듣는 것은 그의 화를 낼 권리를 존중하고 있는 것이다.

당신이 화가 날 때, 누군가가 당신에게 대해 주기를 바라는 것처럼, 당신은 그를 대하고 있다. 이것은 우리가 분노할 때 우리 모두가 원하는 바이다.

당신이 마주치는 화난 사람에게 왜 그렇게 대하지 않는가?

듣는 것은 이해의 길을 열어 주고, 그것은 우리를 네 번째 단계로 이끈다.

4단계: 화가 난 사람의 곤경을 이해하려고 하라는 것이다. 그녀의 입장이 되어 보고 그녀의 눈으로 세상을 바라보도록 하라.

스스로에게 물어보라.

내가 같은 상황이라면 화를 낼까?

교회 주차장에서 자신의 차 머플러 때문에 화난 사람과 동일시하는 것은 어렵지 않다. 내 차였더라면 나도 비슷한 분노의 감정을 느꼈을 것 같다. 그가 반응하는 식으로 반응하지 않았을지 모르지만, 그의 분노를 이해하는 것은 어렵지 않다.

때때로 그 사람의 분노가 왜곡될 수 있다. 그는 모든 사실관계를 파악하지 못할 수 있다. 그는 자신의 책임을 간과하고 있는지도 모른다. 화가 난 침입자가 주차장에서 속도를 내고 있었을 수 있다. 결국, 이것이 과속 방지턱이 설치된 이유이다. 과속 방지턱은 설치된 지 2주 되었고, 그의 머플러가 망가진 첫 사례였다.

반면, 그의 머플러가 다른 차의 머플러보다 더 낮게 달려 있었는지도 모른다. 이것은 내가 모르는 상세 사항이고, 그도 크게 관심을 두지 않았던 사항이다. 내가 이 문제를 제기하는 것은 소용이 없다.

이것은 단순히 교회를 옹호하고 그를 비난하기 위한 시도일지 모른다.

이 두 가지 모두 화를 처리하는 데 도움이 되기는커녕 오히려 화를 키울 것이다.

성난 사람의 마음에 몰아치고 있는 모든 생각에 충분히 시간을 두고 귀를 기울일 수 있다면, 그가 왜 화를 내는지 이해할 수 있을 것이다.

> 당신이 화난 사람의 이야기를 들을 때, 당신은 그의 화낼 권리를 존중해 주는 것이다.

그의 상황에 대한 해석이 맞는지 아닌지는 현시점에서 논점이 아니다. 당신이 하고자 하는 바는 그 사람이 그 상황에서 무엇을 보고 있는지를 이해하는 것이다.

그의 해석을 볼 때, 그가 왜 화를 내는지 알 수 있는가?

지금은 그 사람과 그의 해석에 대해 논쟁할 단계가 아니다. 당신이 하려는 바는 그의 분노를 이해하고, 그가 분노를 처리하는 것을 도와주는 것이다.

3. "나도 속상할 거야"

마리나와 앨리샤는 병원의 같은 부서에서 일했다. 마리나는 앨리샤가 상관에게 자신이 미식축구 경기를 싫어해서 새해 첫날에 일을 하고 싶어 하고, 집에서 나올 변명거리를 찾고 있다는 말을 했다는 소문을 들었다. 마리나는 지난 두 시간 동안 이 단편적인 정보들을 곱씹고 있었다. 그녀는 일을 하는 동안 다음과 같이 생각을 했다.

'내가 정말 새해 첫날에 일을 해도 그만이지만, 앨리샤가 상관한테 그런 말을 할 권리는 없잖아. 앨리샤는 단지 자기만 덕보려 하고, 나를 이용하려고만 해.'

그녀의 분노가 터지기 시작했다. 2시간 후 휴일 근무 일정이 게시되었고, 마리나는 1월 1일에 자신의 이름이 있는 것을 보고 폭발했다.

나중에 쉬는 시간에 마리나는 앨리샤에게 다가가서 이렇게 말했다.

"넌 바브에게 내가 휴일에 일하고 싶어한다고 말할 자격이 없어. 넌 나한테 물어보지 않았잖아.

나한테 다시는 말 걸지 마!"

깜짝 놀란 앨리샤는 마리나가 무슨 말을 하고 있는지 전혀 몰랐다.

"마리나, 일단 좀 앉아 보자. 이제 네가 무슨 말을 하고 있는지 정확히 말해 봐."

"네가 상관에게 내가 미식축구를 싫어해서 집에서 나갈 구실을 찾기 원해서 1월 1일에 일하는 게 좋다고 말했지?

글쎄, 그건 부분적으로 사실이지만, 넌 날 휴일에 일하게 할 자격이 없어. 넌 실수한 거고, 너도 그게 틀렸다는 걸 알잖아. 이게 내가 화가 난 이유야."

앨리샤에게 상황이 명확해지기 시작했다.

"네가 설날에 일하고 싶어한다고 내가 상관한테 말했고, 그래서 나 대신에 너를 휴일에 근무하게 했다고 말하는 거니?"

마리나는 고개를 끄덕였다.

"그렇다면 왜 그렇게 화를 내는지 알겠군."

앨리샤가 말했다.

"이치에 맞네. 네가 나한테 똑같은 짓을 했다고 생각하면 나도 속상했을 거야. 나는 네가 화를 냈다고 비난하는게 아니야.

네가 나에게 그런 짓을 했다고 생각하면 나는 아마 너보다 화를 더 냈을거야. 하지만 실제로 무슨 일이 있었는지 말해 줄게. 바브가 내게 와서, 1월 1일에 일하고 싶은지 물었어. 나는 원하지 않는다고 말했지만, 그녀가 다른 사람을 구할 수 없다면 기꺼이 할거라고 말했어. 나는 이렇게 말했어.

'마리나에게 확인해 보세요. 그녀가 새해 첫날에 집에 있고 싶지 않다고 한 걸로 알아요. 그녀는 일하고 싶어 할지도 모르겠어요.'

난 상관이 너한테 가서 일할 생각이 있는지 물어볼 줄 알았어. 너한테 묻지도 않고 일을 시키라고 말한 게 아냐. 사실, 네가 원한다면, 나는 새해 첫날 일할 수 있어. 아마 내 순번일 거야."

앨리샤는 듣고 나서 동료의 입장이 되어 마리나의 분노에 대한 이해를 표시했다.

5단계: 상대방의 분노에 대한 이해를 표현하는 것이다.

앨리샤는 자신에게 똑같은 일이 일어났다면 그녀 역시 화를 냈을 것이라고 마리나에게 말했다. 그리고 이렇게 함으로써 앨리샤는 대화의 적대적 역학(adversarial dynamic)을 해소했다.

당신이 상대방의 곤경을 이해하게 되면(4단계), 상대에게 당신이 이해하고 있음을 알게 하라. 당신은 그녀가 화를 낼 때 옆에 있어준다. 당신은 그녀의 분노를 이해할 뿐만 아니라 비슷한 상황에서 당신도 화를 낼 것이라는 것을 인정한다.

> 우리 중 많은 사람은 어떤 일을 잘못했거나, 말을 잘못 했다는 것을 인정하는 것이 매우 어렵다는 것을 안다.

상대방의 분노에 대한 이해를 표현했다면, 당신은 이제 6단계를 위한 준비가 되었다.

6단계: 논점을 밝혀낼 수 있는 추가 정보를 공유하라는 것이다.

앨리샤의 경우, 이것은 마리나에게 상관인 바브와의 대화에서 무슨 일이 일어났는지 정확히 말해 주는 것을 의미한다. 마리나가 분노를 가라앉히고 앨리샤가 그녀에게 잘못하지 않았다는 것을 깨닫게 해 준 것은 바로 이런 정보의 공유였다. 마리나에게 잘못한 사람이 있다면, 그것은 근무 배정을 하기 전에 확인을 하지 않은 상관이었다. 그러나 마리나는 실제로 휴일에 일하고 싶어 했으므로, 바브에게 느끼는 분노는 얼마 가지 않았다.

종종 우리가 마주치는 사람은 분노를 왜곡한다. 그녀는 모든 사실을 파악하지 못하거나 사실을 잘못 이해하고 있다. 우리는 일어난 일에 대해 인지하는 바를 공유할 때, 상대방에게 큰 도움을 주게 된다. 그러나 그 과정에서 너무 일찍 공유하면, 우리의 이야기는 들리지 않을 것이고, 화가 난 사람과 격론을 벌이게 될 것이다.

첫 번째 분노 발언을 쏟아낸 직후 '상대방에게 진실을 말하는 것'은 심각한 실수다. 그렇게 하면 거의 항상 갈등을 촉발하고, 좀처럼 긍정적인 해결로 이어지지 않는다. 성난 반격은 종종 우정을 파괴한다.

사실을 보는 대로 공유하는 것은 중요하지만 상대방의 분노를 듣고 이해하고 표현한 후에만 중요하다. 그런 다음에야 화난 상대방은 당신의 정보를 받아들이고, 긍정적인 방식으로 받아들일 것이다. 이것은 문제의 해결과 우정의 회복으로 이어진다.

7단계: 고백과 배상이다.

만약 당신이 화가 난 사람의 분노가 명백한 것임을 깨닫는다면, 즉 당신이 그녀에게 정말로 잘못했다면, 의도적이든, 아니든, 당신이 행동한 것이나 말한 것이 부당하고 깊은 상처를 주었다면, 지금이 당신이 저지른 잘못을 바로 잡기 위한 고백과 노력이 필요한 시점이다.

그런 고백은 어떤 것인가?

그것은 책임을 받아들이고 용서를 구하는 것을 포함한다. 사실 당신이 잘못했을 때, 자신의 행동을 변호하는 것은 헛된 노력이고, 다시 논쟁을 시작하게 하며 좀처럼 해결책이 되지 못할 것이다. 우리 중 많은 사람은 어떤 일을 잘못했거나, 말을 잘못했다는 것을 인정하는 것이 매우 어렵다는 것을 안다. 실패를 인정한다는 것은 자존심을 상하게 한다.

그래서 우리는 틀렸다는 것을 알면서도 옳다고 싸운다. 이런 행동은 결국 자존심에 상처를 준다. 우리가 잘못을 저질렀다는 것을 알면서도, 잘못을 인정하기보다 자신을 방어할 때, 우리는 방어를 통해 다른 사람을 설득할 수 있을지는 모르지만, 스스로를 설득시키지는 못한다.

우리의 양심은 죄책감으로 가득 차기 시작하고, 자신에 대해 기분이 좋지 않다. 우리의 잘못을 변호하는 것은 결코 정신 건강이나 관계 건강으로 가는 길이 아니다. 반면에 고백과 배상은 거의 늘 감정 건강뿐만 아니라, 견고하고 건강한 관계로 나아가게 한다.

나는 이 7단계가 화난 사람에게 반응하는 가장 생산적인 방법이라고 믿는다. 1단계, 2단계, 3단계를 서두르지 말 것을 충고한다. 듣고, 듣고, 다시 듣는 것이 이해하는 토대가 되고, 결국 당신은 이해를 표현할 수 있게 된다.

또한, 1-5단계는 당신이 보는 대로 사실을 공유하고, 문제를 해결할 수 있는 분위기를 조성하는 데 매우 중요하다는 것을 인식하라. 혹시 잘못을 저지른 경우라면, 해결을 가져다 줄 수 있는 고백과 배상으로 이끌어라. 당신이 상대방의 화를 철저히 처리하도록 도왔기 때문에 상대방의 분노가 사라진다. 그리고 그렇게 함으로써 당신은 상대방과 긍정적인 관계를 유지하게 된다.

4. 잘못된 반응1: 분노를 억누르는 노력

화난 사람에게 반응할 때 흔히 보이게 되는 두 가지 접근법에 대한 주의의 말을 하고자 한다.

첫째, 상대방의 분노를 억누르려고 하는 것이다. 부모들은 종종 이런 죄를 짓는다.

"소리 지르지 않고 말을 할 수 없다면, 입 다물고 네 방으로 가."

부모가 자녀에게 한 그런 말은 아이의 감정의 흐름을 막아 버리고, 아이 안에 감정을 억누른다. 펩시를 두 모금 마시고, 플라스틱 병에 뚜껑을 다시 닫고, 힘차게 흔들어보라.

그러면 당신은 부모가 이런 말을 한 아이의 마음속에 무슨 일이 일어나고 있는지를 시각적으로 그릴 수 있을 것이다. 아이는 자기 방에 있고, 문은 닫혀 있고, 분노는 억눌려 있다.

하지만 속으로는 부글거리는 감정이 솟구치고 있다. 뚜껑이 열리면, 당신은 분노에 휩싸인 아이를 보게 될 것이다.

만약 뚜껑이 절대 열리지 않는다면, 우울증에 빠진 아이나 수동적-공격적 행동을 보이는 아이를 보게 될 것이다. 즉 아이의 분노는 결코 직접적으로 표현되지 않고, 간접적으로 표현될 것이다. 아이는 부모에게 '돌아오기 위해' 행동으로 보여 줄 것이다.

다른 사람의 분노를 억누르는 것은 아마도 화가 난 사람에게 반응하는 가장 나쁜 방법일 것이다.

이런 행동에 대한 유일하게 긍정적인 반응은 부모가 잠시나마 평온을 얻는다는 것 뿐이다. 하지만 일시적이고 얄팍한 평화에 대해 치러야 할 대가는 크다. 화가 난 사람이 말하는 방식이 마음에 들지 않을지 모르지만, 분노를 나누고 있다는 사실은 긍정적이다. 분노를 속에 담아두면 긍정적으로 처리할 수 없다. 큰 목소리로 표현하더라도, 표현할 필요가 있다.

성난 사람을 돕기 위해서는 큰 목소리, 번뜩이는 눈, 격렬한 보디랭귀지를 잠시 눈감아 주어야 한다. 이 모든 것을 넘어서 문제의 핵심을 꿰뚫어 보아야 한다.

그 사람은 무엇에 화가 났는가?

그는 무엇에 대해 부당하게 당하였다고 느끼고 있는가?

문제가 되는 것은 바로 이 잘못을 다루는 것이다. 그 잘못이 명백한 것이든 왜곡된 것이든, 화가 난 사람의 마음속에 있는 것은 허구가 아니다.

만약 그 사람의 메시지를 듣지 않는다면, 분노는 긍정적으로 처리되지 않고 나중에 터무니없는 행동이나 우울증, 혹은 어떤 이에게는 비극적인 자살로 나타날 수 있다. 다른 사람의 분노를 억제하려고 하는 것은 헛된 노력이다.

5. 잘못된 반응-2: 반사적 행동

둘째, 화가 난 사람에게 반응하는 두 번째 부정적인 방법은 그의 행동대로 반사하는 것이다.

그녀가 당신에게 소리를 지르면, 당신도 그녀에게 소리를 지른다. 그가 당신에게 욕하면, 당신은 그에게 더 심한 욕을 한다. 화가 난 사람에게 보이는 이런 반응은 분명히 갈등을 악화시킨다. 통제가 안되는 것은 화난 사람 한 명으로 충분하다. 통제 불가한 두 명의 화난 사람이 있을 필요는 없다.

그러므로 성난 사람을 만날 때는 바로 다음과 같이 기도할 때이다.

> 하나님 아버지시여!
> 이 상황 속에서 나로 하여금 구원의 사람이 되게 하옵소서.
> 내게 들을 귀를 주시옵소서. 화가 나서 행동하지 않게 하시고, 왜 이 사람이 화를 내는지 이해하게 하시고, 그가 문제를 해결할 수 있도록 나로 하여금 돕게 하옵소서.

이런 기도는 야고보 사도의 훈계와 일치한다.

> 사람마다 듣기는 속히 하고 말하기는 더디 하며 성내기도 더디 하라 사람이 성내는 것이 하나님의 의를 이루지 못함이라(약 1:19-20).

통제 불가능한 화가 난 사람은 싸울 사람이 필요한 것이 아니라, 화난 사람의 행동의 뿌리를 캐기 위해 연기를 뚫고 나갈 사람이 필요하다. 휘발유를 뿌리지 않으면, 불이 더 빨리 꺼질 것이다. 화가 난 사람이 말을 뱉어낼 때, 그와 말다툼을 하는 것은 불 위에 휘발유를 뿌리는 것과 같다. 계속 휘발유를 부으면, 화난 사람은 밤새도록 분노할 것이다.

그러나 분노가 타오를 때, 귀를 기울여 들어준다면, 결국 분노의 연료는 다 타버릴 것이다. 당신이 진정으로 듣고 있다는 것을 감지하면, 그는 당신의 도움을 받으려고 마음을 열 것이다. 그러나 당신이 그의 말을 경청할 때까지, 그의 분노는 계속 타오를 것이다.

이 원칙은 우리 자녀에 대한 우리의 반응에도 적용된다. 우리는 더 크고 더 강하지만 지배하려고 하면 효과가 없다. 바울은 아버지들에게 "너희 자녀를 노엽게 하지 말라"라고 훈계했다(엡 6:4 참조). 화를 표현하는 아이에게 화를 내며 거칠게 반응하는 것은 더 화를 자극할 뿐이다.

그리고 잠언은 이렇게 충고한다.

> 유순한 대답은 분노를 쉐게 하여도 과격한 말은 노를 격동하느니라(잠 15:1).

상대방이 일곱 살이든, 서른일곱 살이든, 화난 사람의 면전에서 퍼붓는 거친 말은 더 많은 화를 불러 일으킬 뿐이다. 오히려 열린 마음으로 공감하면서 듣고, 부드럽게 대답하면 분노를 가라앉히게 된다. 이것이 우리가 바라는 기독교적 모델이다. 성난 사람은 충분히 오랫동안 귀기울여 들어주고 고통을 이해해 줄 사람이 필요하다. 그 사람의 분노의 정체를 파악할 수 있을 만큼 주의 깊게 듣고, 이해한다고 표현할 수 있을 만큼 현명하게 듣고, 온유하고 진실한 해답(분노를 야기한 문제의 해결책을 찾는 해답)으로 대응해 줄 수 있을 만큼 용기 있게 들어 줄 누군가를 필요로 한다.

이것이 우리의 목표다. 즉 화난 사람이 건강한 반응과 건설적인 해결책을 발견하도록 돕는 것이다.

긴급 처방

화 내는 사람에게 대응하는 법

(1) 그 사람의 말을 들어라

당신이 할 수 있는 최선은 이야기를 끝까지 듣고 상대방의 이야기를 이해하기 시작하는 것이다.

(2) 그 사람의 말을 들어라

그의 이야기를 들은 후, 화가 난 사람에게 다시 한번 말해 달라고 부탁하라. 이것은 당신이 실제로 무슨 일이 있었는지 이해하고, 그의 분노를 비난하지 않고 있음을 보여 준다.

(3) 그 사람의 말을 들어라

상황을 명확히 하기 위해 추가 질문을 하라. 화가 난 사람이 자신의 걱정을 모두 떨쳐버리기 위해서는, 우리는 서너 번 들을 필요가 있다.

(4) 그의 곤경을 이해하도록 노력하라

같은 상황에 놓인다면 당신은 분노할지 자문하라.

(5) 상황에 대하여 당신이 이해하는 바를 표현하라

공감하며 말하라. 그 사람의 분노의 감정을 확인하라.

(6) 주제를 밝힐 수 있는 어떤 추가 정보라도 공유하라

이 시점에서 당신이 그에게 잘못하지 않았다는 것을 그 사람이 깨닫도록 도와 줄 수 있다.

(7) 어떤 잘못이든 고백하고 자신이 저지른 잘못을 바로잡으려고 노력하라

만약 그 사람의 분노가 타당하고 당신이 그에게 잘못하였다면, 이것이 취해야 할 조치다.

저자 후기

책임 있게 분노를 통제하는 법을 배운 사람은 성숙한 기독교인이 되는 큰 걸음을 내딛게 된다. 현대 기독교인 가정이 겪고 있는 많은 문제는 오해 받고, 잘못 통제된 분노에 뿌리를 두고 있다. 결혼과 가정 생활 영역에 만연한 분노 조절 장애를 고치는 것보다 더 중요한 것은 없다. 분노 조절은 이웃과 동료와의 관계에도 유익을 가져다 준다.

나는 이 책이 토론과 기도 그리고 궁극적으로는 분노의 경험에 어떻게 반응할 것인가에 대한 보다 명확한 이해를 자극하는 기폭제가 되어 주길 진심으로 희망한다. 나의 소망은 당신이 책을 읽을 뿐만 아니라, 이 책의 끝에 있는 자가진단표를 통해 자신과 사랑하는 사람들에 대해 더 많이 알게 되는 것이다. 또한, 온라인 토론 가이드(www.5lovelanguages.com)에 나오는 반성 및 응용 프로그램을 통해 이러한 통찰력을 그룹 설정에 적용 할 수 있다.

마지막으로, 만약 당신이 결혼했다면, 당신이 배우자와 자녀들에게 분노에 반응하는 법을 보여 주는 긍정적인 모델이 되기를 바란다.

당신의 삶과 다른 사람들의 삶에 이 메시지를 적용할 수 있는 세 가지 방법을 제안한다.

첫째, 이 책과 이 원칙을 친구들과 공유하라.

둘째. 소그룹이나 성인반 학습 주제로 본 책과 함께 제공되는 토론 가이드를 제안해 보라.

결혼과 가족 그리고 다른 모든 인간 관계에 분노의 주제보다 더 적절한 주제는 거의 없다.

셋째, 기독교인이 아닌 친구들을 도울 수 있는 방법을 찾아라. 적절한 분노 조절에 초점을 맞춘 수업이나 대화는 길을 잃고 걷잡을 수 없는 분노로 점점 더 내몰리는 세상에 다리가 될 것이다.

기독교인이 자신의 분노를 긍정적으로 다루는 법을 배울 수 있다면, 아마도 하나님은 우리에게 기독교인이 아닌 친구들과 나눌 기회를 주실 것이다. 만약 우리가 분노를 다루는 데 성공하지 못한다면, 이웃들에게 '흥분하는' 우리 자신을 발견할 것이고, 따라서 기독교가 단지 피상적이라는 의심을 사실로 만들게 된다.

사실, 분노는 우리의 정체성의 핵심이다. 당신이 무엇에 분노하는지 말해 보라. 그러면 내가 당신에게 중요한 것을 말해 줄 것이다. 성숙한 기독교인들의 분노는 사소한 개인적인 짜증이 아니라, 진정한 부당함, 불공정함, 불평등 그리고 불경건성에 초점을 맞출 것이다. 그러한 분노는 정의, 공정, 공평, 경건함을 확립하기 위한 긍정적인 노력에 동기부여를 할 것이다. 기독교인 역시 자신도 타락할 수 있다는 것을 알기 때문에, 자비와 겸손함으로 말미암아 분노를 누그러뜨린다. 고대 히브리 예언자의 말씀을 인용하자.

> 사람아 주께서 선한 것이 무엇임을 네게 보이셨나니 여호와께서 네게 구하시는 것은 오직 정의를 행하며 인자를 사랑하며 겸손하게 네 하나님과 함께 행하는 것이 아니냐(미가 6:8).

일상생활에서 공의와 자비와 겸손을 실천하는 이런 고귀한 생활 방식은 먼저 그리스도를 통해 하나님과 화목하는 것이다. 이것은 우리에게 동기를 부여한다. 둘째로, 이 일은 성령의 매일 힘주시는 사역을 필요로 하고, 이는 우리로 하여금 승리할 수 있도록 한다.

　모든 사람 중에서 기독교인은 하나님의 영광을 위해 분노를 이해한다. 기독교인들은 하나님의 영광을 위해 분노를 이해하고 다루는 데 있어 가장 큰 잠재력을 지니고 있다. 이것이 바로 이 책의 메시지이자 목표이다.

감사의 글

자신이 분노 조절에 문제가 있다는 것을 인정하고 싶어하는 사람은 거의 없다. 대부분 다른 사람의 분노 조절 문제는 쉽게 보지만, 자신의 문제는 좀처럼 보지 못한다.

나는 상담실에서 자신의 분노의 외적 혹은 내적 폭발 성향을 공유해 준 수많은 사람에게 진 빚에 감사드린다. 그들은 분노에 부정적으로 대응하는 방식이 사랑하는 사람들에게 파괴적인 영향을 미치고 있다는 것을 깨닫고, 진심으로 도움을 받고자 했다. 많은 사람이 깊은 죄책감과 패배감을 갖고 찾아왔다.

헌정사에서 언급했듯이, 그들의 열린 마음 덕택에, 나는 분노를 이해하고 다스리는 전반적인 문제에 주의를 기울이게 되었다. 그들이 기꺼이 약점을 드러내준 덕분에 나는 이 책을 쓸 수 있게 되었다. 그들이 없었더라면, 나는 분노의 긍정적 차원을 발견하게 된 이 연구를 시작하지 못했을 것이다.

나는 행정 비서관 트리샤 큐브(Tricia Kube)에게도 큰 신세를 졌다. 그녀가 원고를 전산화하고, 매일 수많은 전화를 받고 다른 행정 업무를 해준 덕분에, 나는 글을 쓸 수 있었다. 수년간 그녀는 나의 사역을 위해 헤아릴 수 없을 정도로 소중한 협력을 해 왔다.

무디 출판사는 늘 나의 노력을 격려하고, 지지하며, 지도하는 훌륭한 일을 해냈다. 베시 뉴엔후이세(Betsey Newenhuyse)의 편집 제안은 내게 큰 도움이 되었다.

맷 터비(Matt Turvey)는 독자들이 자신의 분노 문제를 탐구할 수 있도록 자가진단표를 만들었다. 그리고 그렉 손튼(Greg Thornton)은 끊임없이 나를 격려하였다.

마지막으로 인생의 고통과 기쁨을 함께 겪어온 아내 캐롤린에게 감사의 뜻을 표한다. 이 프로젝트에서 다른 사람들과 마찬가지로, 그녀는 더 할 수 없는 도움을 주었다. 내가 사무실에서 일하는 시간을 그녀는 전혀 불평하지 않았다. 그녀는 항상 나의 노력을 지지했고 나를 대신하여 기도해 주었다.

그의 자식들은 일어나 감사하며 그의 남편은 칭찬한다(잠 31:28).

부록 : 분노 자가진단표

    다음의 진단표는 분노를 다스리는 방법을 이해하는 데 도움이 되도록 고안한 것이다. 12개의 가상 시나리오를 각각 읽고 당신의 응답과 가장 밀접하게 일치하는 진술과 관련된 상자에 체크하라. 세 개의 진술 중 어느 것도 완벽하게 일치가 안될 수 있지만, 가장 가까운 것을 선택하라.

나는 때로 아무 이유 없이 사랑하는 사람과 심각한 논쟁을 벌인다.	A	
대부분의 사람은 내가 분노를 잘 처리한다고 생각할 것이다.	B	
나는 누군가에게 화가 나면, 상대방에게 빨리, 하지만 정중하게 왜 화가 나는지 설명할 수 있다.	C	

나는 나를 불쾌하게 만드는 사람에게 바로 말할 수 있고, 문제를 해결할 수 있다.	C	
나는 버럭 화를 낸다.	A	
나는 때로 내가 생각한 것보다 화를 극복하는 것에 시간이 더 걸린다.	B	

나는 종종 나의 분노를 표현하는 방식에 후회한다.	B	
나는 그저 지나간 일은 지나간 일로 삼는다.	C	
나는 나한테 잘못한 사람을 용서하는게 정말 힘들다.	A	

나는 사소한 일은 그다지 문제 삼지 않는다.	C	
나는 분노를 다룰 수 있는 더 나은 전략이나 생각이 있으면 좋겠다.	B	
나는 너무 심하게 좌절해서 마음속에서 지울 수가 없다.	A	

나는 때로 너무 화가 나서 내가 말한 내용이나, 한 일조차 기억할 수가 없을 지경이다.	A	
나는 분노를 표출할 적절한 배출구를 지속적으로 찾고 있다.	C	
나는 나를 화나게 하는 것이 무엇인지 늘 파악할 수 있다.	B	

나는 대체로 다른 이들에게 화 내는 것을 좋아하지 않는다.	B	
나는 화가 났을 때 다른 이에게 복수하기 위해 그들에 대해 악의적인 말을 해왔다.	A	
나는 화가 날 때 목소리를 높여 본 적이 거의 없다.	C	

나는 성질 때문에 직장에서 문제를 겪고 있다.	A	
내 성질 때문에 사랑하는 사람들과 문제를 일으키지만, 대체로 해결을 하는 편이다.	B	
만일 나와 관련이 있다면, 나는 신경 써야 할 일들과 문제를 미해결인 채 두지 않는다.	C	

나는 논쟁에 많이 휘말리지 않는다.	C	
어떤 이들은 나의 나쁜 성질을 무서워한다.	A	
나는 화가 나서 불쑥 내뱉고 나서, 바로 사과할 필요가 있다는 것을 안다.	B	

항상 일어나는 일은 아니지만, 나는 언제 화를 내는지를 잘 알고 있다.	B
나는 대부분의 상황에서 어떻게 분노를 표현해야 할지를 안다.	C
나는 화가 났을 때 종종 화를 벌컥 낸다.	A

화가 난 후에도, 나는 여전히 주위에 있는 사람들에게 애정 어린 행동을 할 수 있다.	C
나는 때때로 사랑하는 이들과의 논쟁은 더 많은 논쟁과 어려움을 초래한다고 느낀다.	B
나는 종종 갑자기 분노를 터뜨려서, 내 주변 사람들이 보기에 통제불능인 것처럼 보인다.	A

나는 화가 날 때, 그냥 마음에 담아 둔다.	A
나는 나를 괴롭힌 사람을 빨리 용서하는 편이다.	C
나는 대개 다른 사람들과 논쟁을 하면 풀 수 있다.	B

논쟁을 한 후에, 나는 종종 더 나은 방식으로 대응했어야 한다고 생각한다.	B
사람들은 내가 화가 났을 때 과잉반응을 한다고 생각하는 경향이 있다.	A
나는 화를 내며 행동을 하기 전에 모든 사실들을 파악하기 위해 애를 쓴다.	C

* 점수 기록과 해석

되돌아가서 A, B, C,를 몇 개나 체크했는지 세어보아라. 그런 다음 이 합계를 아래의 빈칸에 적어라. 예를 들어 A를 8번 선택한 경우 아래 A 위의 빈칸에 숫자 8을 적어라.

_____   _____   _____
       A   B   C

다음과 같이 전체 합을 더하라.
C의 개수에 2를 곱하고, 그 값에 B의 개수를 더하라.

_____ X 2 = _____ + _____ = _____
         C   B   총점

* 당신의 점수

19–24 당신은 분노를 다스리는 법을 알고 있다.
7–18 당신은 잘 하고 있지만, 더 잘할 수 있다.
0–6 당신의 분노가 당신을 다스리고 있다.

* 여기서부터 어디로 가야하는가?

이제 당신은 당신의 분노를 더 잘 이해할 수 있다. 여기 분노를 다스릴 몇 가지 제안이 있다. 다음 세 개의 항목 중 당신의 총점을 찾아가라.

❶ 19-24 당신은 분노를 다스리는 법을 알고 있다

당신의 반응은 대체로 분노를 잘 다스리고 있음을 보여 준다. 당신은 무엇이 당신을 화나게 하는지 알고 있고, 화를 내는 감정을 다스릴 때 계획적인 경향이 있다.

당신은 개인적 혹은 직업적인 삶에서 분노와 관련된 문제 때문에 큰 어려움을 겪지는 않는다. 하지만 항상 개선의 여지는 있다. 향후 조치에 대해 다음 가능성을 고려하라.

* 행동 조치

당신은 누군가와 화해할 필요가 있는가?

아마도 당신은 이전에 어떤 문제나 갈등을 겪었지만, 관계를 개선할 시도나 노력을 하지 않고 있는 것 같다. 당신이 할 수 있고, 어떤 중요하거나 의도하지 않은 부정적 결과를 예상하지 않는다면, 그 사람과 화해하고 관계를 다시 세우는 것을 깊은 신앙심을 갖고 고려해 보아라. 채프먼 박사는 이 책의 제3장에서 화해를 위한 성경적 전략을 강조하였다.

당신이 분노를 잘 다룬다고 할지라도, 우리 중 누구도 완벽하지는 않다. 아마도 당신은 배우자, 자녀, 가족, 자신 혹은 심지어 하나님과 관련이 있기 때문에, 살펴보지 않은 분노가 있을 수 있다.

시간을 내어 당신의 내적 삶을 검토하라. 그리고 시편 기자가 "하나님이여 나를 살피사 내 마음을 아시며 나를 시험하사 내 뜻을 아옵소서"(시 139:23)라고 한 것처럼, 하나님에게 질문하라. 채프먼 박사는 이런 종류의 분노를 다루는 새로운 방법을 찾아낼 수 있도록 9-12장에서 여러분에게 몇 가지 훌륭한 지혜의 말을 들려주고 있다.

❷ 7-18 당신은 잘 하고 있지만, 더 잘 할 수 있다

당신의 점수는 당신이 많은 상황에서 분노를 잘 다루고 있음을 보여 준다. 하지만 분노가 당신을 삼킬 때가 여전히 있다. 당신이 분노를 잘 다루는 영역을 파악하라. 하지만 분노가 다른 방식으로 걷잡을 수 없게 되는 것에 조심하라. 당신이 화를 가장 잘 내는 상황을 생각해 보라.

사랑하는 사람과 함께 하는 상황인가?

직장인가?

당신이 화를 내며 반응하면 무슨 일이 벌어지는가?

당신은 소리를 지르는가?

아니면 분노를 속으로 삭이는가?

어떤 말을 하는 편인가?

화가 날 때, 어떤 감정을 내보이는 편인가?

그 감정들을 어떻게 좋은 방법이나 나쁜 방법으로 표현하는가?

앞으로 행동을 위해 다음의 가능성을 고려해 보라.

* 행동 조치

당신이 좋은 분노와 나쁜 분노의 구별을 더 잘 이해하게 되면, 도움을 받을 것이다. 채프먼 박사가 묘사하듯이, 분명한(혹은 '좋은') 화는 진정한 잘못, 부정의 또는 학대에 대해 보이는 정상적인 반응이다. 반면에 왜곡된(혹은 '나쁜') 분노는 우리가 해석된 잘못, 부정의 혹은 학대를 제대로 인지하지 못할 때, 다른 이에게 보이는 우리의 반응이다.

우리는 왜곡된 분노 속에서 모든 사실을 정확하게 파악하지 못하고 있다. 이 책의 제4장에 나와 있는 두 가지 반응 사이의 몇 가지 주요 차이점을 알아보라. 어떤 이들은 겉보기에 정신을 단단히 차리고 있고, 화가 나서 정신을 못 차리는 적이 거의 없는 것처럼 보인다.

하지만 내면에는 확인되지 않은 분노로 끓어오르는 경향이 있다. 이러한 '폭발적인' 분노는 다른 표현보다 우울이나 침잠으로 특징지을 수 있다. 채프먼 박사는 그의 책 제6장에서 충동적인 분노를 다루기 위한 핵심 전략을 파악한다.

❸ 0-6 당신의 분노가 당신을 다스리고 있다

당신의 점수는 당신이 현재 분노를 다루는 방법이 개선될 수 있음을 보여 준다. 당신은 분노를 표현하는 법과 갈등의 순간에 다른 이들과 관계 맺는 법에서 많은 어려움을 겪고 있는 것 같다. 많은 상황에서 당신의 분노는 과장되고, 추가적인 문제를 야기하는 것 같다. 당신은 또한 왜 특정 상황에서 화를 내며 반응하는지, 혹은 당신의 분노가 어디에서 비롯하는지를 이해하지 못하고 있는지 모른다.

당신은 망가진 관계를 치유하거나 다른 개인적 영역이나 직장에서 건강한 방법으로 나아가기 위해서, 이런 어려움에 더 관심을 기울여야 한다. 앞으로 행동을 위해 다음의 가능성을 고려해 보라.

* 행동 조치

당신의 성난 반응 때문에 당신이 깨닫거나 원하는 것보다 더 빨리 사람들이 떠나버릴 것이다. 당신의 분노가 삶에 어떤 영향을 미치고 있는지 진지하게 살펴보는 것이 중요하다. 당신이 순간적인 열기에 휩싸여 드러내는 분노에 찬 반응을 바꾸는 데 도움이 되는 학습 기법을 통해 얻는 것이 있을 것이다. 그런데 이런 기법을 배우면서, 분노가 도대체 무엇인지를 이해함으로써 얻게 되는 것도 있을 것이다.

제1장에서 채프먼 박사는 분노가 무엇인지, 어디에서 유래하는 것인지를 정의 내리는 데 도움을 준다. 다음으로 제3장에서, 당신은 분노 반응을 다루는 독특하고, 통제 가능한 기법을 배우게 된다.

성경은 말한다.

> 어리석은 자는 자기의 노를 다 드러내어도 지혜로운 자는 그것을 억제하느니라
> (잠 29:11).

아마도 당신은 오랫동안 그리고 많은 상황에서 분노를 드러내고 있어서, 분노를 다스리는 것이 어떤 것인지 기억하기 힘들 것이다. 분노의 장기적 영향을 다루는 것은 어려울 수 있다.

채프먼 박사가 이 책에서 강조하는 분노 통제 기법에 매우 익숙해지면 당신은 잘 할 수 있을 것이다. 또한, 제7장과 제12장에서 더 자세히 설명한 감정적 행복과 관련된 장기적인 분노의 영향을 이해하고 확인하는 것도 당신에게 매우 유익할 수 있다.

CLC 깊은 시리즈

1. 깊은 설교

켄트 에드워즈 지음 | 조성헌 옮김 | 신국판 | 376면

2. 더 깊은 회개

로이 헷숀 지음 | 최정숙 옮김 | 46판 양장 | 200면

3. 깊은 예배: 활기차면서도 경건한 예배 만들기

토마스 G. 롱 지음 | 임대웅 옮김 | 신국판 | 200면

4. 깊은 인내

김재윤 지음 | 신국판 | 192면

5. 깊은 고난

리차드 라이스 지음 | 이정일 옮김 | 신국판 | 252면

6. 깊은 영성: 성경적 영성으로의 초대

마이클 헤이킨 지음 | 이홍길 옮김 | 신국판 | 244면

7. 깊은 기도

스와미 아비식타난다 | 주명수 옮김 | 46변형 | 212면

8. 깊은 분노

게리 D. 채프먼 지음 | 이윤경 옮김 | 신국판 | 232면